自治体の長と
それを支える人びと

Local Chief Executive Officers and their Backers

希望の自治体行政学

大森　彌　著

第一法規

まえがき

本書は、自治体の長に関する制度と振舞いを多面的に浮き彫りにしようとしている。首長と一言でいっても、仕事の範囲や権限などで知事と市長と町村長では同列に扱いにくいし、また、個々の首長の個性も考慮しなければならない。任期四年で選挙が行われるから、その顔触れも変わる。当事者の首長からは、およそ自治体の首長と一括りにして論ずることに違和感があるというご批判があるかもしれない。

地域における政治と行政の接点の活動領域でこそ、首長の個性と力量が表出するが、それは地方自治法や公職選挙法などの制度によって制約されているし、「権力の座」に就く者として、あるいは自治体の代表者として「首長の立場」には共通点もある。また、独任の首長は、副知事・副市区町村長をはじめ、多くの職員などによって支えられている。そうした人びとの関係も首長のあり方によって多様である。

そこで、まずは、こうした点を念頭に置きつつ、自治体の首長を捉える基本的な視点ともいうべきものを探ってみようと考えた。

本書の公刊には若干の機縁がある。私は、かつて、良書普及会から、自治体行政学シリーズと銘打って、一九八七年六月に『自治体行政学入門』、一九九〇年七月に『自治行政と住民の「元気」』、一九九四年一一月に『自治体職員論―能力・人事・研修』を世に出した。これらはいずれも、『自治実務セミナー』に連載した拙稿を基にしていた。このシリーズの最初の構想では全五冊ぐらいはと考えていた。その中に「首長論」があった。当時の担当編集者は木村文男さんであった。『自治実務セミナー』は、二〇〇三年一月号まで良書普及会が発刊していたが、良書普及会が解散したため、その後は第一法規からの発刊となった。木村さんが第一法規に移られた後、シリーズの続刊の意味も込めて、二〇〇八年四月に、『変化に挑戦する自治体―希望の自治体行政学』を、二〇一一年六月に『政権交代と自治の潮流―続・希望の自治体行政学』を公刊させていただいた。これらは、自治の現場の努力や困難について、自分なりの見方・所見を雑誌等の関係媒体を通して発表していた拙文をとりまとめたものである。

『自治実務セミナー』では、一九九一年に、「続・自治体行政学入門」の第四六講から第五四講まで「首長論」を連載した。そこで展開した首長論の一部は、大森彌編『自治体の首長《その資質と手腕》』（二一世紀の地方自治戦略3、一九九三年、ぎょうせい）や大森彌編『分権時代の首長と議会―優劣敗の代表機関』（分権型社会を創る3、二〇〇〇年、ぎょうせい）の中で公刊しているが、単行本にまとまった形として収録されず今日に至っている。木村さんの熱心なお勧めがあり、改めて「自治体の首長」と銘打って『自治実務セミナー』に連載をしてみようということになった。それが二〇回を数えた。それを機に、この連載の論考を中心に一冊の本として編集し出版していただけることになった。当初の企画段階では、二〇一五年の統一地方選挙の前に刊行という希望であったが、「諸般の事情」により、それから一年余が経過したため、必要な加筆訂正を行った。

なお、第一法規から発刊していただいた二〇〇八年と二〇一一年の拙著には副題「希望の自治体行政学」を付している。「現実のきびしさを認めつつも、より良い未来が待っていると信じられるような変化が期待できるときに、希望は育まれていく」（玄田有史『希望のつくり方』）という。全国の自治体は、それぞれに、困難や悩みを抱えながら、首長を先頭にして、より良い自治運営への努力を重ねている。本書も、少しでも、そうした努力への励ましになればと願い、同じ副題を付している。

本書が、首長をはじめ、首長を支えている自治体の職員の皆さんや自治体の政治・行政に関心をもつ住民の方々に少しでもお役に立てば幸いである。

連載から本書の出版まで、第一法規株式会社出版編集局編集第二部の西連寺ゆきさんはじめ皆さんのお世話になった。心から感謝したい。

二〇一六年　一〇月

著　者

目次

カバーデザイン／篠　隆二

第1章　直接公選で選ばれる首長

1 1 「首長」という言い方

日本国憲法九三条二項によって、「地方公共団体の長」は「その地方公共団体の住民が、直接これを選挙する」ことになっている。これが首長の直接公選制である。二〇一四年四月五日現在、地方公共団体の長は、都道府県知事四七人、市長七九〇人、町長七四五人、村長一八三人、東京特別区の区長二三人である。日本国憲法下では、知事の数は変わっていないが、市町村合併によって市長の数は増え、町村長の数は激減してきた。

法律用語では「地方公共団体の長」であるが、長は、広い意味では集団・組織を統率する職を意味する。地方公共団体の長については、直接公選の議員によって構成される議会（合議制機関）に対し、議員とは別個に直接公選された独任制の長であることを強調するため、習慣として「長」ではなく「首長」と言うことが多い。「首長」の読み方は、広辞苑などでは「しゅちょう」であるし、ＮＨＫなどでも「しゅちょう」である（「くびちょう」だと「組長」と紛らわしいからだという）。しかし、一般には「くびちょう」とも言われている。「市長」「主張」「首相」などの発音と区別するためには「くびちょう」のほうがはっきりするのではないかとも思われる。私は、「しゅちょう」は言いにくいので、普段は「くびちょう」と言っている。以下、本書では、「首長」で通したい。

1

2 首長の被選挙権

一九四六年の市制・町村制改正により、市町村長の被選挙権は、①日本国民であること、②年齢二五年以上であること、③選挙権喪失要件に該当しないものであることの三要件をすべて充足する者に付与されることとなった。

知事の被選挙権は、府県制改正により、①日本国民であること、③年齢三〇年以上であること、③選挙権喪失要件の規定に該当しないものであることのいずれの要件をも満たす者に付与された。これらのうち、①と③は、市町村会議員、市町村長、府県会議員と同じであるが、住所要件がない点で地方議員のそれと異なり、また②の年齢が三〇年以上という点で他と異なっていた。

◈住所要件をなぜ必要としないのか

このうち、当該府県内の市町村に住所を有することを府県知事の被選挙権の要件としなかった点については、市町村長の場合と同様、その職務の重要性からみて、知事にふさわしい人材を当該地方公共団体の枠を超えて広く求めることを可能にするためと説明されている。「地方自治の中枢執行機関たる強力な地位を占めると同時に、国の行政官庁たる知事は民意の存する限り汎く全国に人材を求めてその中から最も適任なる者を選出せしむることを適当とする趣旨に外ならない。蓋し被選挙権の要件として当該府県内に住所を有することを必要とするときは、自ら候補者の銓衡範囲に制限を齎し、地方住民の衆望の趨く国家的人材であっても府県県内に住所を有しないときは、これを選挙することができなくなるからである。」（『改正地方制度資料』第一部大臣答弁資料、二六四頁）

◆なぜ知事の年齢資格だけが三〇歳以上なのか

知事の年齢資格だけを満三〇年以上に引き上げた点をめぐっては、当時の帝国議会で論議が交わされ、市町村長や衆議院議員の満二五年と権衡を失する、選挙権・被選挙権の年齢引下げという選挙法改正の趣旨からみても当をえない、官吏は偉いという優越感を植えつけるものだ、枢密院や貴族院にみられたように年齢の高いものを尊重しすぎるといった批判が出された。これに対して、当時の政府は、府県知事が独任制の執行機関であること、市町村にくらべて規模、事務量、性質、管轄区域等に差があること、その職責の重要性から職務遂行能力に必要な経験を持つべきであることなどを強調していた。

府県知事は、各種の兼職を禁止されていた。このうち、帝国議会議員との兼職禁止については、当時はまだ国の官吏であったところから政務と事務との混同を避ける必要があり、また官吏として上司の命令を受ける以上その地位に拘束されて議員としての職務を完全に履行できないこと、一方、知事は地方行政の中枢にあって専念の必要があるが国会議員も新憲法施行後は議会権限の拡充で多忙となり兼職は許されなくなること、といった理由が挙げられていた。また、府県会議員との兼職禁止についても自治団体の意思機関と理事機関という職分の性格の相違、府県知事は官吏でしかも直接選挙で選出されること、官吏である以上府県会議員との兼職は禁止されている（道府県制六条）等の理由が挙げられている（地方自治総合研究所編著『逐条研究地方自治法Ⅰ』日本評論社、一九八五年を参照）。

一九四七年の地方自治法の成立によって、一九四三年に府県制の特例法として施行されていた「東京都制」が廃止され、地方行政官庁としての北海道庁も「北海道庁官制」とともに廃止され、都道府県制に移行し、四七都道府県の知事は直接普通選挙によって選出されることとなった。

◆公職選挙法での扱い

地方自治法一九条を受けて、公職選挙法は、まず、「日本国民たる年齢満二十年以上の者で引き続き三箇月以上市町村の区域内に住所を有する者は、その属する地方公共団体の議会の議員及び長の選挙権を有する」（九条二項）とし、被選挙権に関して、「都道府県の議会の議員についてはその選挙権を有する者で年齢満二十五年以上のもの」、「市町村の議会の議員についてはその選挙権を有する者で年齢満二十五年以上のもの」、「都道府県知事については年齢満三十年以上の者」、「市町村長については年齢満二十五年以上の者」としている（一〇条一項各号）。

都道府県知事は、住所要件が不要なことでは市町村長と同じであるが、年齢満三〇年以上の者であることとされている点では、市町村長とも地方議会議員とも異なっている。自治体の首長に住所要件が要らないのは、「地方公共団体の長」（the chief executive officers of all local public entities）とされているからであり、それは、大日本帝国憲法の改正に関するマッカーサー草案において、知事・市長・町長は「行政長」（the chief executive officers）と規定されていたのを引き継いでいる。国の任命官吏職が住民の直接公選職に替わっても、知事の被選挙権について、どうして住所要件が不要なのか、年齢三〇年以上は妥当なのかという問題は、知事職の位置付けとの関係では、その後ほとんど不問に付されている。

◆知事直接公選制の実現とその後

第二次大戦での敗戦後、憲法改正をはじめとして日本の政治体制の大改革が行われた。その一つが、日本国憲法における「第八章　地方自治」の新設であったことは周知のとおりである。憲法改正過程の歴史研究から明らかになっているように、「地方自治」に関しても、ＧＨＱから日本政府に「憲法草案」（以下、「草案」という）が示され、それを巡って折衝が行われた。

ＧＨＱとの折衝の中で、日本側の要請が通らなかったのは、草案にあった「府県知事の直接普通選挙」の修正であった。焦点は知事職の扱いであった。府県知事は、明治四年の廃藩置県以来、旧制度下では一貫して国の任命官吏であった。一八八六年の地方官官制制定によって府知事・県令の名称が知事に統一されていた。国の官吏であった府県知事は広域的な地方行政を担当し、軍事・警察、教育、徴税などの権限を掌握する国の総合的な地方出先機関（行政区画の長）としての性格をもっていた。府県知事が広域的な地方行政を広範に担っていたことから、国の出先機関は原則として認められていなかった。

ＧＨＱ内では知事、市町村長の直接公選制は早くから固まっていた。「知事直接公選」導入を要求された日本政府は、当初、これに抵抗し、同じ公選でも議会による間接選挙を模索した。日本政府は、知事の選出を直接選挙とした場合、知事と府県議会の対立や府県政運営の混乱を危惧した。しかし、

ＧＨＱの強い態度によって知事直接公選に踏み切ることになったが、なお、その知事の身分を「官吏」にすることを主張した。それは、都道府県の事務の大部分が国家事務として編成され、形式は都道府県の事務でも、実はその地域内における国家事務の執行であったからである。

一九四六年四月一〇日、戦後初の総選挙が行われ、発足した第一次吉田内閣は、ＧＨＱが地方制度の改革を重視していることを受けて、東京都制、府県制、市制、町村制の改正案を帝国議会に提出した。これが第一次地方制度改革と呼ばれるものである。この府県制改正により、身分は国の官吏のまま（府県知事の被選挙権を有する者の中から選挙人が選挙し、これを天皇が旧大日本国帝国憲法一〇条の任官大権に基づいて任命するという方法がとられた）ではあるが、初めて被選挙権を有する者の中から直接公選で選出されることとなった。

しかし、公選知事の身分を「官吏」とする政府の方針に対しては、衆議院において各政党から批判の声があがり、また総司令部からも了解は得られず、結局、これを断念せざるを得なかった。そこで、知事の身分を「官吏」から「公吏」に変更した場合、どのような法的対応が必要となるかを検討するため、政府は地方制度調査会（一九五二年八月制定の地方制度調査会設置法以前のもの）を設置した。調査会では、従来、官吏の府県知事が処理してきた国政事務をだれが、どのように処理するかが最大の問題となり、答申では「公吏」の府県知事でも国政事務を処理することができるとした。これが、直接公選知事が国の機関として処理する「機関委任事務」である。同時に国の出先機関が新設され、都道府県との関係が複雑化することになった。知事が機関委任事務制度の軛《くびき》から解放されたのは、一九九五年に始まった第一次分権改革の結果、地方分権一括法が施行された二〇〇〇年四月からであった。

◆直接公選でなかった東京特別区の区長

東京特別区の区長は、一九五二年から一九七四年までの間、直接公選ではなかったのである。特別区は、地方自治法が定める特別地方公共団体の一つとして、「都の区は、これを特別区という」（二八一条一項）というように規定され、特別地方公共団体であり、他に見られない都区関係のゆえに、区長を直接公選にしなくてもよいという扱いを受けていたのである。特別区側の「自治権拡充運動」が実って、一九七四年の地方自治法改正により区長直接公選が復活し、さらに、一九九八年の地方自治法改正によって基礎的な地方公共団体と位置付けられている。現在、東京の二三特別区の区長は、それぞれの区民が、直接、選挙で選んでいる。区長の地位・職務などは基本的に市長のそれが適用される（地方自治法二八三条）。区長は全国市長会の正規のメンバーになっている。

1　3

「権力の座」に就く

首長という公職に就くためには、「公職選挙法」という一定のルールに従って選挙で民意の審判を受けなければならない。分権時代を迎えて、国政選挙も地方選挙も、一本の法律で行うことが望ましいかどうか検討の余地はある。地方選挙に関しては、戸別訪問などを通じて立候補補者が住民に対して直に話しかけ政策論議ができるようなルールにしたほうがよいとも考えられる。二〇一五年の参院選に向けて、公選法改正により、選挙期間中も、政党と候補者に限ってウェブサイトの更新を認めることとなった。公職選挙でのインターネット選挙運動の解禁は時代の流れである。しかし、ともかく一定の法定ルールのもとで選挙が行われることには変わりがない。

◆民主的正統性

首長に選挙があるのは、議会の議員と同様に、その公職の性質に由来している。首長や議員という公職は、自治体の意思を決定できる権力の座を意味している。議会は議事機関、首長は執行機関という法制度上の役割に相違はあるが、ともに住民全体の代表者として自治体の意思を公式に確定する権限をもっている。

それは、住民に各種のサービスを提供したり、住民の行動の自由に一定の制約を加えたりする施策を決定できることを意味している。この点で、二つの公職は「権力の座」であるということができる。民主制においては、選挙によって選ばれた者を「代表者」とみなすからである。選挙を通して一般的な民意の支持を得ているという意味で、首長も議会も民主的正統性（レジティマシー）をもっている。

◆公選職

戦前は国の官吏であった知事は、この意味での民主的正統性を有していなかった。有していなかった知事が、どうして府県の長であったのかといえば、それは府県制が地方統治制度であっても地方自治制度ではなかったからである。知事の「権限」と「権威」は、地方官官制により天皇が任官大権に基づいて任命することに由来していた。知事は、「知事様」で「偉い」国の官吏であった。それが、下世話というか世俗的な住民の選挙によって選ばれる「地方公務員」になったのである。偉くもなんでもない。選挙で汗をかき、選ばれた後、公選職としての感性と見識と能力をもっているかどうかが問われる。

直接公選の理由

たとえ小さな自治体においても、権力の座を求めて虚実入り混じる「政治の世界」に乗り出していく人は、一般的に、五欲旺盛、気力・体力は充実し、細心かつ厚顔無恥で、自己顕示が強く、並の人ではないといってよいだろう。こうした人物は、いったん手に入れた公職を手放さず、これを恣意的に運用したり、これを利用して私腹を肥やしたりするかもしれない。その心配がある。政治のプロの志願者に対し、いわば一度免許を与えて権力の公的地位を永続的に保証してしまうと、住民からすれば、どんな災難を被るかわからない。

それゆえ、現行の制度では、この心配を取り除くため、政治のプロの地位を政治のアマチュアである一般有権者が、いわば認可する工夫が講じられているのである。譬えて言えば、権力行使の免許状の書き換えを定期的に（現行では四年ごとに）行うのが選挙なのである。選挙から選挙の間に、住民の代表者として負託を受けた政治のプロとして著しい落度があったときに免許状を取り消すのがリコール（解職請求制度）である。

このように、政治のプロの選出にアマチュアがかかわり、落選ないし解職させる、つまり失職させることによって、住民が政治のプロの権力濫用を防ぐことができる仕組みになっているのである。逆に、政治のプロとしては、当選ないし再選を目指して集票活動に精を出すことにもなるのである。なにしろ選挙で落選すれば「タダの人」（「猿は木から落ちても猿だが、代議士は落選すればただの人」）になってしまうからである。

民意の可視化―投票箱の厳正管理

首長と議会が自治体としての意思を公式に決定できる権限をもつのは、選挙を通じて民意の審判を受け、代表者であると見なされるからである。「見なす」というのは、一つの擬制（フィクション）である。もともと、ある人間が別の人間の意見や利害を代わって表現することはできないが、「代表」という考えは、本来はできないことを、世の中の約束事として、「そう見なそう」という工夫（カラクリ）であるといえる。

この擬制を現実に可能にしているのが、投票箱の厳正管理である。地域社会の諸問題に関して、知識や判断力では不揃いな有権者が投ずる一票が、何の変哲もない投票箱を通過すると、等価な一票に変わるのである。いわば投票箱は、「民の声」を「天の声」に変えるマジック・ボックスだといえる。選挙の結果を「民意の審判が下った」というのも、これを表している。選挙結果は「天の声」なのである。どのような審判が下っても容認する以外にない。これが民主政の大原則である。

したがって、この投票箱の管理に当たる「選挙管理委員会」は、厳正・中立でなければならないわけである。この点で、わが国の選挙管理は総じて適切に行われている。それは、市町村選挙管理委員会が実際の選挙管理事務を厳正かつ迅速に処理しているからである。これは、民主政が機能しているかどうかを判定する基本的な目安になる。

もともと「民の声」、すなわち地域住民の意思は、あるにしても眼には見えない。この眼に見えないものを、見えるものに変える手続の一つが選挙であるということができる。民意は、有権者に支持を訴えて当選した人物、あるいは人物の色分けと分布によって、眼に見えるようになるわけである。独任の首長の場合は、「あの人が知事」「あの人が市長」というように、それがはっきりする。このような意味で、代表というのは「民意」を生身の人間ないし人間の数で表すという擬制を前提として成り立っているのである。住民の代表として選ばれた人は、この擬制の意味を決して忘れてはならないのである。

「民主条件つき」の代表

公選職に任期があることは、その公選職の地位自体が、いわば解除条件つきであることを意味している。しかし、そのことと、この地位についた人々が行使する決定権に対して事細かな限定がついているということとは違う。決定権が住民のため、地域のために行使されるべきであって、私利私欲を肥やすために使われてはならないことはいうまでもないが、何が住民のため地域のためになるかの判断をめぐる具体的な決定は、大幅に公選職の裁量にゆだねられている。

当選すれば、有権者の意向にいちいち従う必要はなく、独自に判断・決定してもよろしいというのが「代表」という考え方である。不満や批判のある有権者は、不適格者を次の選挙で落とす以外にない。公選職を自分たちの「代理者」であると考え、選挙の時に自分が応援し一票を入れたのだから、その見返りに自分に具体的な利益を還元してくれるのが当然だと思い込んでいる人もいないではない。それは見当違いである。

しかし、住民が選挙で選んだということは、その公職者に決定権を白紙委任したことではない。その地位も権限も選挙によって住民から負託されたものである。したがって、できるだけ多くの機会を設けて、多様な住民の批判や提案に耳を傾け、意見を聴き、そうした住民参加活動のなかで、公選職として判断して責任のある決定を下すのである。住民は、そのように公選職が振舞っているかどうかを常に監視する必要がある。代表者であることをよいことに、重大な事柄を住民が知らないうちに密かに決定したり、独善に陥ったり、特殊利害と癒着したりしてはならないのである。

公選職は、有権者の監視・批判・注文・建議を前提にした、いわば「民主条件つき」の代表と考えられるべきである。最近、自治体で普及し始めた「自治基本条例」は、基本的には、「権力の座」にある者の振舞い方を住民が縛るという「立憲主義」の発想に基づいて構想・制定されるのが筋である。もっとも、首長立候補者が、選挙公約に自治基本条例の制定を掲げ当選し、その制定を成し遂げるようなケースもある。「権力の座」に就こうとする者が自らを縛ろうとするはずはないから、そうした条例は、どこかまやかしがあるか、「立憲主義」に対する無知・無自覚の結果ということになる。

ゼロサム・ゲームとしての首長選挙

首長職を一人の人物に委せる独任制をとっているということは、このポストが一つであるということであるから、選挙において、ある候補者が当選すれば他の候補者はすべて落選ということになる。一つのポストを争うこの選挙戦は、当然、ゼロサム・ゲーム的な勝敗の世界であり、当落の明暗は鮮明である。

複数の候補者のうち誰にどのくらいの票が集まるか、それによって民意の所在の見当がつくのである。首長選挙では、実際に投票した票で有効なもの（有効投票数）のうち、他の候補者より一票でも多く獲得した候補者が当選することになっているから、民意の支持を受けたといっても、あくまでも相対的である。ただし、首長選挙では、有効投票の総数の四分の一以上の得票を必要とするが、絶対得票率（有権者総数のうち何割の人から名前を書いてもらったかの比率）がいかに低くとも、例えば二〇％台とか三〇％台でも、相対的得票率（有効投票のうち何割の人から支持を受けたかの比率）が最も高い候補者が地域住民全体の代表者となるのである。これが投票制度のカラクリである。カラクリだからインチキというわけではないが、当選ということは民意を正統に代表する機関となるということであって、常に民意の高い代表性を体現しているということではないのである。

首長の場合は、その身一つに「民意」が投映され、当選すれば住民全体の代表者となる。敗者に投じられた票はいわゆる死票となる。もちろん、死票であっても、結果としては、票差となって現れ、少なくとも当選者からみれば不支持票であったという意味では、一定の批判票としての性格をもっているから、この不支持票を念頭において実際の行政運営に当たらなければならない。当選の報とともに味わう「万歳」の歓喜は、任期が始まった当日から、自制に裏打ちされた冷静で配慮の行き届いた言動に変わらなければならないのである。「驕るもの久しからずや」である。

無投票当選

選挙が民意の可視化という機能を持っているとすれば、無投票当選をどう考えるかが問題になる。公職選挙法一〇〇条の規定により、首長候補者が一人の場合は、選挙は行わない。首長選挙では、この不戦勝は少なくない。知事選では、一九五五年の岡山県、一九五五年と一九六三年の島根県、一九五八年の広島県、一九五八年の香川県、一九五九年と二〇一三年の山形県、一九五九年の徳島県、一九六三年の佐賀県、一九六三年の宮崎県、一九六三年の鹿児島県、一九七六年の埼玉県、一九七八年と一九八二年の滋賀県、二〇〇三年の鳥取県、二〇一一年の高知県、二〇一三年の秋田県の知事選は無投票当選であった。政令指定市長選挙では、二〇一一年の浜松市長選挙が唯一の事例である。二〇一一年の統一地方選挙では八八市、一三東京特別区を含む計二二二市区町村長選が行われたが、そのうち一五市と五八町村長選は無投票であった。

市町村長選における無投票当選は、現職に対する有力なライバル候補が不在という場合に多く起こっている。稀に、二〇〇七年の高松市長選のように、新人候補が一人しか出馬せず無投票となったケースもある。人気があり実績も伴っていて、とても太刀打ちできない、勝ち目はないとみなされるような「強力」な現職首長の場合は、対抗者の意気を阻喪させてしまうことがありうる。また、陣営で候補者を立てようにも「玉」（人材）が見当たらないこともある。

町村においては事前に候補者調整が行われることにより、結果として無投票となることも少なくない。実際に、新人が立候補の動きを見せても、現職が事前にその立候補を抑え込んでしまう事例もある。一人の当選を争う首長選挙で候補者が複数になると、勢い、住民の間に対立・反目が生まれ、選挙違反が起こりやすく、お互いに消耗し、票争いのシコリも残りやすい。それを避けるために候補者一本化を図るということになる。血縁や地縁などのしがらみに縛られ、あるいは直接的な利害関心に動かされ、あるいは選挙後の「うま味」を期待して、ドロ臭く、えげつない争いに終始するようなことをやっていれば、選挙はやめたいということになるのかもしれない。

立候補者にとって、競争相手が一人も名乗りを上げなければ無投票当選ということになるから、内心、それを期待しても無理はない。ただし、地域における対立・分裂を避けるということだけで候補者一本化を図るというのは、やはり姑息なやり方である。どんな地域にも、なんらかの、そしてなんらかの程度の利害や意見の対立はあるものである。その事実を無視して、そうした対立が表に出てくることを避けるだけでは地域の本当の活力は引き出されてこない。公選制はフェアで清潔な競争を生命としている。

選挙のたびに、あるいは頻繁に首長が変わるように政争が激しいということは、どうも、選挙自体が心ときめく最大の地域イベントと考えられているからかもしれない。起伏に乏しく、おもしろみに欠ける日常生活の維持のなかで鬱積した情念がどっと外に出てくる機会、それが選挙ということになる。目の色を変えて票集め・票固めに走り回る「政治的人間」が湧き出ることになる。なかには仕事を休み、寝食を忘れるほど、選挙戦に没頭する人も出てくる。考えてみれば、選挙の時ぐらいしか楽しみがないという地域は寂しい地域ともいえなくはない。他に心ときめく地域づくり・まちづくりの活動を拡げる以外にない。

無投票当選は、当選した候補者にとっては「ほっと一息」となるし、選挙管理費用もあまりかからなくて済むが、マスコミの間ではあまり評判がよくない。その最も大きな理由は、投票による民意表出のチャンスが実際には奪われるため、首長公選制の意義が発揮されないということである。選挙が行われても投票率が低いことが問題にされるが、無投票当選は、それよりもっと問題というわけである。

立候補者からみれば無投票当選に越したことはないが、実は民意の所在がはっきりしないという点では一抹の不安を残すことにもなる。現職首長の無投票当選ともなれば、過去四年間の実績が信任されたと思いたいところであろうが、たまたま対立候補者が出なかっただけで、必ず信任されたとはいえない。むしろ、心を引き締め、驕ることなく、きめ細かく民意の所在をさぐる努力をしなければならないのである。

第2章　首長と党派

2-1 首長選挙と支持基盤

首長選挙は実際には独りでは戦えない。選挙組織がいる。有権者が投票日には必ず投票所に出かけていって自分の名前を書いてくれるように働きかけ、できれば事前にその確認をとるためには運動体が必要である。

そこで、できるだけ幅広い支持を確保するためには特定の地区や団体・勢力の代表者であると思われるような選挙戦は得策ではないだろう。さまざまな方面・団体から推薦や支持を確保しなければならない。特定政党の公認候補ではなく、いわゆる無所属の候補として出馬する場合にも、首長選挙ではいくつかの政党・団体が支援に乗り出すことが少なくない。実際には党派・会派に分れている地方議会の議員とその応援組織がさまざまな形での「連合」（コアリション）を組む場合が出てくる。選挙戦を有利に戦い、当選を期すために組むこの体制を「選挙連合」というが、この「選挙連合」が首長当選後の行政運営や対議会活動に影響を及ぼすことになる。

選挙連合

大部分の自治体で当たり前のように行われていることの一つに首長に対する地方議会議員（会派）の与党化ないし野党化がある。公認候補で当選した首長の場合は、本人自身が党員であるから同じ政党に属する議員（会派）は当然のように与党だと考える。また「選挙連合」を組んである候補者を当選させたその勢力と同じ議員（会派）も自分たちは与党だと考えやすい。

逆に他政党の公認候補が当選して自党公認候補者が落選した党の議員（会派）は当選した首長に対して自分たちは野党として振る舞うのが当然だと考えるし、勝利の「選挙連合」でなく敗北の「選挙連合」を組んだ勢力と同じ議員（会派）も自分たちは野党であると考えやすい。

このように首長選挙のときの支持形成のあり方が当選後の首長と議会との関係に与野党意識とそれに基づく行動を生み出す重要な背景となっている。しかし、選挙における支持勢力の対立が選挙後における政策運営上の対立、とくに与野党的な対立とストレートに結びつけてしまう考え方は、住民全体の立場に立って自治体運営をしなければならない首長にとって必ずしも望ましいことではない。

国政のように国会（実際には多数党）が内閣総理大臣を指名し、その内閣総理大臣が組閣をして行政府を統括する場合には、国会（議会）と内閣（長）との間に与野党関係が形成される。自分たちが指名した内閣総理大臣とその内閣に対して支持・協力をしていくのはむしろ当然である。多数党と内閣との関係は緊密かつ協調的になり、少数党（野党）と内閣との関係は疎遠かつ対立的になる。もちろん、そうした関係は相対的なものであり、各党の戦略・戦術によっても変化するが、基本的には与野党関係を基軸にして政策運営がなされるといってよい。

これに対して、自治体の場合には、議会が首長を指名するわけではないから、国の場合のような与野党関係は生まれるはずがない。首長は、住民が直接選挙で選ぶ結果として、議会の党派構成とは関係なく誕生する。仮に選挙のときに特定の政党ないしそれらの「連合」の支持を受けたとしても、そのことは、当選後、自治体の執行機関として行動するときの与野党関係が生まれることを意味しない。

統治連合

選挙戦に党派が介在することは避け難いし、またそれは病理ではない。しかし、選挙が終わって自治体行政を運営しなければならなくなった段階では首長は党派的な立場や利害ではなく、全住民を相手とする公平な施策展開を行っていかなければならないから、特定政党を超え、あるいは特定の「選挙連合」を超え、できるだけ賛同や支持を拡げる必要がある。これが、政策を実現していくための「統治連合」である。

このことは、見方を変えれば、議会（議員）側の態度の問題でもある。自分たちが選挙戦で支持して当選させた首長だから、その政策運営に当たって自分たちの要求や主張を他会派（議員）のそれよりも優先・優遇すべきであると考えるのは「与党意識」のおごりである。逆に自分たちは選挙で支持しなかった首長であるから首長提案には反対しなければならないと考えるのは「野党意識」の錯覚である。

議会での審議と決定において多数決原理が採用されている限り、議会における多数派と少数派が明確になることはあっても、それが首長に対する与野党関係を反映するものと考えるのは国政モデルへの過剰な同調なのである。こうした既存の与野党関係に衝撃を与えたと思われるのは首長が率いる地域政党の台頭であった。

2 首長が率いる地域政党の台頭

大阪維新の会と減税日本

既に旧聞に属するといえようが、首長が率いる地域政党がマスコミ等で話題になったことがある。二〇一一年二月六日、名古屋市の市長選挙と愛知県の知事選挙が行われ、市長には前職の河村たかし氏が再選され、知事には河村氏と連携した大村秀章氏が初当選した。河村氏は元民主党の代議士、大村氏は元自民党の代議士であったが、河村氏は自ら代表を務める地域政党「減税日本」の公認候補者として、大村氏は、地域政党「日本一愛知の会」を立ち上げて、選挙戦に臨んだ。

当時、既に大阪府の橋下徹知事は、自ら代表となって「国の政党とは一線を画し、国の政党の枠組みにとらわれない政治団体」として、「大阪維新の会」を結成し、「一つの大阪」をスローガンに、大阪市と堺市を解体して「大阪都」の創設を目指すとしていた。「大阪維新の会」は、大阪府議会における議員団としては二九名を擁し、定数一一二名の府議会では第一党になった。こうした首長が率いる「地域政党」が、その後の浮沈・盛衰はともかく、既存の与野党関係に対して問題を提起したことは事実である。

わが国には、一九九四年二月に制定された政党助成法があり、この法律で政党交付金の交付対象となる政党というのは、国会議員を五人以上有するものか、国会議員を一人以上有し、かつ、前回の国政選挙において全国を通じた得票率が二％以上であるもののいずれかということになっている。地域政党は、この法律の要件を満たす政党には当てはまらなかったが、文字通り、地域の政治テーマの実現を目的とした政治団体として、活動の主たる場を首長や地方議会議員の選挙及び選挙後の政策運営に置き、既存の中央政党に反旗をひるがえしている点では国政のゆくえにも影響を及ぼす可能性があった。それを徹底しようとすれば、地域政党「大阪維新の会」のように、国会議員を包摂して、二枚看板の「日本維新の会」（国レベルの政党）を結成して、国政に乗り出すことになる。

マニフェスト選挙と地域政党

これまで地方議会の議員たちが作った地域政党はあったし、いまでもある。しかし、自治体の首長自らが代表になって地域政党を結成し、しかも、議会のあり方に正面から挑戦するような現象は初めてであった。その意味では、一種の「異変」が起こったといえる。これには、いわゆる「マニフェスト選挙」が関係していた。首長が、選挙公約を実現しようとしても、議会の反対にあって実現できない、それならば、自分を支持する議員を一人でも多くするため、地域政党を作り、その候補者で議会の多数を確保しようという挙に出たわけである。

特に都道府県や政令指定都市の議会で顕著であるが、地方議会の議員たちが中央政党とつながる会派と呼ばれるという議員団を形成している。会派自体は、地域の政策や行政運営について同じような考え方をもつ議員が集まって作っている議会内の政治集団なのであるが、そうした会派の議員が中央政党へ所属していることが多いため地方議会は政党化しているのが実際なのである。しかも、政党化している議員たちが首長選挙に関わるため、首長の政策的立場との「距離」によって、選挙後、実質的に「与野党関係」が生まれやすいのである。

そこで、議会の多数派と首長の立場がほぼ一致していれば、あるいは、その間に合意が形成されれば、議会と首長の関係は比較的平穏になる。平穏であるということは、首長が提案する議案がほとんど議会を通過することを意味している。しかし、そうでなければ両者の対立が際立つことになる。マニフェストの実現を阻んでいるのは議会だ、それも中央政党に系列化されている多数派だということになれば、これを突破する工作が必要だということになり、それが地域政党の結成になったともいえる。

しかし、首長が率いる地域政党は、もしその地域政党に属する議員が議会の過半数を占めれば、それは、これまでの政党化とは異なった形で首長の与党が出現する可能性が出てくる。そうすると、こうした地域政党は、単に議会内会派が一つ増えるというだけではなく、既存の議員会派にとっては、自分たちを「かく乱」するもの、あるいは自分たちの勢力をそぐものとなる。そこで議員同士の対立も増し、政策実現が困難になったりもする。

2-3 首長選挙と政党の介在

今日ではむしろ例外といってよいほど数少ない例となったが、一つの政党の公認をうけて当選する首長もおり（例えば、「大阪維新の会」の松井大阪府知事、同じく「大阪維新の会」の公認候補として出馬し、大阪市長に当選した吉村洋文市長）、そのような首長の政策運営がその党の政策にどの程度拘束されるのかは一つの問題である。

選挙のとき特定政党の公認候補者であることを堂々と名乗り、有権者もそれを知りつつ投票しているとすれば、当選後に、その党の掲げている政策を実現しようとすることは何ら問題にならない。むしろそうしないほうが有権者をあざむくと考えることもできるだろう。そういう考え方を全面的に否定すれば、公認の意義は失われてしまうではないか、と主張することもできる。しかし、このような場合でも、なお、留意すべき二つの点があるのではないか。

政党は部分

一つは政党についての考え方であり、もう一つは政党における中央と地方の関係である。政党というのは、party（パーティ）という英語が表しているように、もともと「部分」を意味している。選挙の結果、いかに多数の有権者の支持を集めたとしても、それは決して「全体」ではなく、あくまで

「部分」である。もちろん、「多数の部分」と「少数の部分」を同一視できない面があるが、「部分」であることには変りはない。

複数の政党の存在が認められ、その間の自由な競争と秘密投票制が保障されている限り、圧勝はあっても完勝はない。相対的に多数の票を集めた立候補者を当選者と認定するのであって、有権者の意思がもれなく一人の候補者に集まることはない。そして、多数の票（あくまでも「部分」の支持）を得て当選した人を首長（住民「全体」の代表者）とみなすのである。「部分」を「全体」に置きかえる装置（カラクリ）が選挙であって、いかに圧勝しても、それは「全体」ではない。

一つの政党の公認候補として当選した首長の場合であっても、首長の立場と選挙のときに自分を公認した政党の立場がなにほどか違うのでなければ首長とはいえないし、実際の政策運営では公認政党色丸出しでは円滑な政策展開は期待できない。

政党における中央地方関係

もう一点は政党における中央地方関係である。政党は、お互いに、そのイデオロギー（社会全体に関する評価イメージや内外の基本政策）で区別し合い、選挙での集票を争う一種の戦闘集団である。戦いや争いを内包する集団は内部結束のための規律を必要とするから、どの政党でも党の中央から一般党員に至る集権的な決定と統制の仕組みをもっている。決定に従わず統制に服さなければ制裁があり、その通常の最終手段は「除名」である。問題は、このような性質をもつ政党が国政レベルで作用する場合と地方自治のレベルで作用する場合の違いである。

もし同じ政党に属していることを理由に党中央に対する党地方の独自性を認めず、その意味で党中央による意思決定が貫徹されるべきと考えるならば、きわめて集権的な党の中央地方関係ということになる。そこでは党中央で決定した政策に対して、これに反するような政策を党地方がとることなどありえなくなる。そうなれば党中央の権威が失われるし、党の団結が崩れてしまうと考えられるからである。

しかし、このような集権的な政党に問題がないわけではない。地方自治には、国（全国民の政府）の意思を実現させていく手段としての役割もあるが（例えば憲法が規定する基本的人権を全国どこでも保障すること）、「地方自治の本旨」という考え方に示されているように国で制定する法律（政策）は「ローカル・オートノミーの原則に従って」いなければならないのであって、自治体には地域の独自性に根ざした自律的な意思決定の領域が認められているのである。

この自治体の運営に責任をもつ首長には、地方自治の立場があり、党員としてではなく首長として事に対処する以上、所属政党の意向によって自治体の政策運営を貫くのはむしろ首長のあり方をゆがめる可能性が出てくる。もっとも、いかに住民全体の立場に立つといっても、実際の政治的な力関係の中では首長が推進する政策に党派性がつきまとうのは否定できない。

公認候補として当選しても、首長に就任したら、党籍を離脱し、地方自治の立場を鮮明にするくらいの度量が本人にも政党にもほしいものである。しばしばみられるように、「選挙連合」を組む都合のために無党派を名乗るよりも、党派を明らかにして選挙を戦い、当選したら無党派になるほうがむずかしいであろうが、首長になるとは、そういう覚悟と必要性を含んでいると考えられるべきではなかろうか。

さらに言えば、国政運営にたずさわっている党中央（実際には国会議員を中心とする政党幹部）の意向や決定が「地方自治の本旨」に反するような場合には、自治体の首長には、そのような党中央自体と、党中央が取り仕切っている国政に対して異議を申し立て、必要があれば抵抗するくらいの地方自治擁護の意志が求められているのである。党中央の意思ないし国の政策を、地元での反対があっても断固遂行するのがその党に所属する自分の任務であるとするのは、公選の首長であることについての思慮を欠くものといわざるをえないのではないか。

2-4　「無所属」・「無党派」の首長

公認であろうが「選挙連合」であろうが、政党色が比較的はっきり出るのは知事とか大都市の市長の選挙である。それは広範囲に散在する有権者の票を組織化するのにはどうしても政党の活動が必要となるからでもあるし、またそうしたところでは議会もまた比較的に政党化しているからである。

これらに対して一般の市町村の首長選挙では党派色が後退し「無所属」が多くなるのは党派を明礁に名乗ることが敬遠されていることを示している。比較的に狭い地域に党派争いが持ち込まれ、地域における和が乱されることへの拒絶反応の現れともいえるかもしれない。

◆無所属の理由

「無所属」は、特定の政党への加担に伴う偏りのイメージを回避しやすいし、できる限り幅広い住民の支持を集めるためには都合のよいラベルであるともいえる。「無所属」が強調され、また有効であるような地域でも党派を明らかにしている議員が皆無というわけではないかもしれないが、党派はいたずらに対立や分裂を持ち込むものとうけとられやすく、なかなか多数の支持を集めにくいものと考えられているといってよい。

しかし、選挙戦で「無所属」を名乗ることと、当選後に首長として「無所属」の立場を守ることには違いがある。選挙において自分が特定の政党に所属していないとか特定の政党の公認候補でないということ、つまり「無所属」・「無党派」であっても実際の選挙で特定の政党の推薦をうけ、推薦をうけなくとも実質的な応援をうけることはある。まったく色がついていない「無所属」というのはむしろ稀といってよい。保守系「無所属」とか革新系「無所属」という区別はその例である。

◆隠れ党派

選挙ともなれば、さまざまな思惑から、いろいろな人間が運動に参入してくる。選挙後の利権を期待しての支援・応援も少なくない。「無所属」がしばしば「隠れ党派」であることのほうが実態である。その意味では、有権者からみれば、「無所属」の首長だから自治体運営も筋の通った公平なものになるとは限らない。「無党派」は全体の立場に立っているというイメージを作りやすいだけに、むしろ要注意ともいえる。首長も「無所属」、議会の多数派も「無所属」という場合に、その「無所属」の陰で、特定の利益誘導がひそかに図られ、特定の個人・団体が偏重されることもあるのである。

このようにみてくると、党派を名乗って党派の立場を貫こうとすることも、「無所属」・「無党派」を名乗ってひそかに偏った利益の実現を図ろうとすることも、自治体の首長としてのあり方としては問題である。事は自治体運営における首長の姿勢にかかわっている。

第3章　機関としての首長と首長の人格

3 1 法人としての自治体とその機関

地方自治法は「地方公共団体は、法人とする」（二条一項）と規定している。これは、地方公共団体は、その名（名義）と責任において事務を処理するという意味であるが、法人であるため、実際には、その手足となって行為する機関を設け、自然人（生身の人間）をその機関の職に充てて事務を処理させなければならない。首長は、こうした機関の一つで、執行機関と呼ばれている。

首長には、法律により、一定の権限と責任が割り当てられている。その割り当てられた範囲内で首長が行った行為の効果は、首長自身ではなく当該地方公共団体に帰属する。このように、機関の行為の効果が当の機関に帰属しないことを「機関には人格がない」という。機関になるということは非人格化することなのである。生身の人間を機関としながら、その機関には人格がないということはすぐには理解しにくいかもしれない。

首長は、法律上は法人の機関ではあるが、機関になっても完全に非人格化することは難しい。むしろ、しばしば人格の表出が目につくほどである。首長という機関が公選職ということもあって、人格のあり方が機関としての行動に入り混じりやすいからではないかと思われる。首長のキャラクターが職務遂行に違いや多様性を生み出している。

職務を媒介に人格は機関化する

人格（キャラクター・パーソナリティ）は、一般には、ＤＮＡの中の遺伝子という生得的な要因と後天の環境的要因とそれらの相互作用によって発展的かつ適応的に形成されるものと考えられている。男女の区別、体質・気質、顔つき・体つきはもとより、感性・知力・意思、言葉遣い・表情・仕草など、十人十色であり、一人として同じ人格はいない。

ある人物が首長の職に就き、法人としての地方公共団体の機関になっても、生身の人間であることをやめるわけではない。しかし、機関になるということは、ある職務の遂行者になるということなのである。職務を媒介にして人格は機関に転換するといえる。全人としての生身の人間が、一定の職務を担う部分的な職能人になるのである。

機関になれば、自由気ままな行動は許されなくなり、機関に与えられた責務を誠実に遂行しなければならない。機関として行動するためには、生身の人間としての自己抑制・自己規律が不可欠になる。もし徹頭徹尾、機関としての行動に専念させようとするならば、職務の範囲、内容、手続を細かく標準化し、適合か逸脱かの判定を行いやすくしておかなければならない。しかし、そうしたことが自治体の首長の場合にできるであろうか。

執行機関としての首長の職務

地方自治法は、普通地方公共団体の長（都道府県知事と市町村長）は、当該普通地方公共団体を統轄し、これを代表し、当該普通地方公共団体の事務を管理し及びこれを執行するとした上で、概ね次のような事務を担任させている。

①普通地方公共団体の議会の議決を経べき事件につきその議案を提出すること、②予算を調製し、及びこれを執行すること、③地方税を賦課徴収し、分担金、使用料、加入金又は手数料を徴収し、及び過料を科すること、④決算を普通地方公共団体の議会の認定に付すること、⑤会計を監督すること、⑥財産を取得し、管理し、及び処分すること、⑦公の施設を設置し、管理し、及び廃止すること、⑧証書及び公文書類を保管すること、⑧前各号に定めるものを除く外、当該普通地方公共団体の事務を執行すること（一四九条）。

これらのうち、予算編成の権限と議案提出の権限は、自治体における政策の企画・立案に直接関わっており、執行機関としての首長は、自ら執行すべき事務事業を自ら企画・立案するという強い権限を有している。しかも、議会審議において、議員・会派の質問に対する応答という形で議会審議にも参加し、議会の議決に影響力をもっている。

なお、自治体の執行機関は首長に限られていない。副知事・副市町村長や会計管理者といった首長の補助機関、教育委員会や選挙管理委員会などの委員会及び委員、都道府県防災会議や都市計画審議会などの附属機関も執行機関である。そのうち、首長は、当該普通地方公共団体を統轄し、これを代表する立場にある。

このような普通地方公共団体の執行機関は、当該普通地方公共団体の条例、予算その他の議会の議決に基づく事務及び法令、規則その他の規程に基づく当該普通地方公共団体の事務を、自らの判断と責任において、誠実に管理し及び執行する義務を負うことになっている。首長は執行機関であるから、こうした事務を、自らの判断と責任において誠実に管理し及び執行しなければならないが、この責務を果たす限り、その首長がどのような人格の持ち主であってもかまわない。

3 2 特別職としての首長

首長の職は、住民の直接選挙により選任される公選職である。首長は地方公務員であるが、地方公務員は、「地方公務員法」によって一般職と特別職に分けられ、首長は、「就任について公選又は地方公共団体の議会の選挙、議決若しくは同意によることを必要とする職」（三条三項一号）であり、特別職となっている。地方公務員法が適用される一般職とは異なる。

一般職の職員は、「その職務を遂行するに当つて、法令、条例、地方公共団体の規則及び地方公共団体の機関の定める規程に従い、且つ、上司の職務上の命令に忠実に従わなければならない」（三二条）とされ、また「法律又は条例に特別の定がある場合を除く外、その勤務時間及び職務上の注意力のすべてをその職責遂行のために用い、当該地方公共団体がなすべき責を有する職務にのみ従事しなければならない」（三五条）とされている。

首長は、上司の下で時間的・場所的に管理される存在ではなく、住民の代表者として自律的に判断し、その責任を住民に対してとる政治家である。勤務時間の定めはないし、別に職業をもってもかまわず、職務専念の義務はない。当然、首長の行動が職務遂行であるかどうかを、その行動の場所が庁内であるかどうかだけで判断されることもない。法定されている職務をいかに適切に遂行するかによって、首長としての出来・不出来は違ってくる。それには、首長の意欲・能力とともに人柄も影響している。

首長は「二足のわらじ」を履いてよいか

直接公選によって首長という自治体の機関になったということは、当該自治体の首長としての職務に精励することを住民に約束したはずであると考えられる。一般職のような職務専念の義務はないが、少なくとも当該自治体の機関という立場と齟齬をきたすような活動をするのは問題ではないかという見方はありうる。

そういう問題状況を示す最近の例は、自治体の首長が全国政党の代表としても行動することの是非である。

◆嘉田知事の場合

その一つの例は、二〇一二年末の総選挙において「日本未来の党代表」として選挙活動を行った嘉田由紀子滋賀県知事の場合であった。県議会は、この知事の行動を「二足のわらじ」を履き、知事の仕事をないがしろにしていると批判した。地方自治体の長である知事と国政政党の党首とでは立場が相反する判断を迫られることが起こり、知事としての公務に支障が出るのではないかと。

県議会本会議一般質問では一四人中一〇人が嘉田知事の政治姿勢を問う質問を行い、滋賀県知事と国政政党党首の兼務の疑問を質した。嘉田知事は「国政と県政の回路が繋がっていなかったから、その回路を繋ぐ役割をしたい」「知事という立場で国政政党の党首をやることが県政のためになる」と弁明した。

しかし、例えば消費増税に関して知事としては賛成し、党首の立場としては反対するというのは矛盾ではないか、その相反する立場を肩書きで使い分けるといったご都合主義が通用するはずはないではないかといわれた。本会議最終日に県議会は「知事と国政政党の役職の兼務解消を求める決議」を議決した。この決議は、全国政党の代表については県議会の権限の外にあることから、本人の判断により、どちらかを辞して兼務を解消することを求めるというものであった。嘉田知事は、二〇一三年一月四日、「先月二六日に県議会で議決いただいた知事と政党代表の兼務解消を求める決議を重く受け止め」党の代表を辞任することを正式表明し、代表を退いた。

◆橋下市長の場合

もう一つの例は、全国政党「日本維新の会」の代表代行・共同代表を続けている橋下徹・大阪市長の場合であった。この全国政党は、二〇一〇年に設立されていた地域政党「大阪維新の会」を母体に、自民党・民主党・みんなの党から離党した国会議員らが加わって二〇一二年九月に設立された。設立直後に日本創新党が、同年一一月には太陽の党（旧たちあがれ日本）がいずれも解党して党に合流している。

当初は「大阪維新の会」代表の橋下徹氏がそのまま党代表に就いていたが、太陽の党が合流した際に同党で共同代表を務めた石原慎太郎氏が代表に就任し、橋下氏は代表代行になった。その後二〇一三年一月になって石原・橋下氏の共同代表制に移行している。

橋下氏は、大阪市長に立候補したときに市長在職中に国政政党の代表や代表代行になって活動するとはいわなかった。市長になってから、市長の立場を利用して全国政党の活動を行っているといえる。選挙での支持の重要性を強調している橋下氏ならば、大阪市民との約束になかったのであるから、いったん辞職し、そういう方針を明らかにしたうえで大阪市民に信を問うのが筋だともいえる。しかし、橋下氏は、それどころか参議院議員と兼務できるように法律を変えて参議院議員も目指すとさえいっていた。

実は、「日本維新の会」の副代表・今井豊氏は大阪府議会議員、幹事長・松井一郎氏は大阪府知事、政調会長・浅田均氏は大阪府議会議員、総務会長・東徹氏は大阪府議会議員というように、自治体の首長や議員が全国政党の執行役員になっている。しかし、大阪市長の橋下氏や大阪府知事の松井氏の場合は、市議会からも府議会からも兼務解消を求める決議の動きはない。橋下氏も松井氏も平然と兼務を続行している。松井大阪府知事も党の幹事長として選挙運動に時間と労力を費やした。その分、府知事としての仕事をしなかったのは問題ではないかと大阪府議会は追及してはいない。滋賀県の県議会とは全く対応が異なって、「寛大」であった。橋下氏の「人気」のしからしめるところかもしれない。

確かに、自治体の条例上、首長の勤務時間、休日、超過勤務手当等の定めはない。また、地方自治法は、長の兼職を一般的には禁じていない。長としての活動は、登庁して執務室で仕事をするだけでなく、広範、多岐にわたり、その勤務の具体的形態も多様であって、いかなる行為が長の勤務に当たるか、必ずしも明らかであるとはいえない。一般職の地方公務員に課せられている「職務に専念する義務」は首長には適用されないといわれる。しかし、首長が、その職務を自らの判断と責任において、誠実に管理し及び執行する義務を負っていることは確かであり、橋下氏や松井氏の兼務は自治体の首長としての誠実な職務遂行義務に反していないかどうか検証の余地はあるといえよう。

首長のプロフィール

自治体の公式ホームページを開くと首長のプロフィールが書かれている。どんな人物が首長になっているかについて概略を伝えようとしている。内容は一様ではないが、ほぼ共通しているのは、名前、顔写真、生年、出身地、略歴（学歴・職歴）である。どんな顔をしていて、何歳で、どこで生まれたか、どんな学歴・職歴をもっているのか、どういう言葉を人生訓にしているか。そのようなことが分かっても、その首長が執行機関として適任であるかどうかの判断はしにくい。いつ、どこで生まれ、どんな顔をしているかは生身の人間の基本属性であっても、首長の職務遂行には直接は関係がないからである。

プロフィールには、その他に、家族、趣味、特技、好きな食べ物・好物、血液型、性格、著書、現住所、座右の銘、好きな言葉、尊敬する人物などが書かれていることがある。性格に「明朗闊達」とあったり、特技に「早寝・早起き」とあったりして面白い。趣味や好物や血液型が首長であることとどんな関係があるかにわかには理解しがたいが、プロフィールの一部には変わりない。首長には住所要件は問われないが、わざわざ現住所を書いているのは、自分はよそ者ではなく当地の人間であることをアピールしたいからであろう。

首長の職務遂行との関連では、こうしたプロフィールよりも、首長の「あいさつ」「メッセージ」とか「動き」（スケジュール・日記）のほうが、実際に首長として何を考え、重視し、行動しているかが分かる。特に「動き」は、記述に精粗はあるにしても、日誌のように毎日の活動が記録されている。これは、いわば進行形の職務遂行の実績報告である。会議に出て、記者会見をし、行事に出席し、現場の視察に行き、人に会い、テレビやラジオに出演し、海外出張をし、職員と打ち合わせをし、決裁し、指示命令を発している。朝から晩まで、時には土日もなく首長という肩書で活動している。土日の「動き」に、たまに「外出」とあれば、それは内緒の私人行動ということになる。「動き」といっても日にちや時間を追った詳細な記述がない場合は、その空白時間に何をしているか分からない。特に書くまでもない庁舎内の通常職務であることが多いのかもしれない。あるいは、首長の職務に精励せず、他の活動に身を入れているのかもしれない。

概して、首長は、あえて言えば「無定量・無際限」で働いているともいえる。首長には勤務時間の定めがないから超過勤務という観念は当てはまらない。それでも、首長をやりたい人が後を絶たないのである。どうやら、首長という職には、余人には分からない魅力（例えば権力欲の充足）があるのかもしれない。

公選職の首長は給与を支払わなければならない常勤職か

選挙に際し、一般の有権者は、自治体が法人であり、首長を選ぶことが、その自治体の機関を選ぶことになるということを知っているのであろうか。機関としての首長がどういう職務を担い、自分が一票を投じる候補者がその職務遂行にふさわしい人物であると、どのように判断できるのであろうか。

実際に選挙を経て首長に当選した人物が、自治体は法人であり、自分はその機関になるのだということを十分に自覚しているかどうかも分からない。執行機関としての首長の職務について、あらかじめ勉強の上で立候補したかどうかも分からない。おそらく、実際に、任期の四年間、首長をやってみれば、執行機関の仕事が質量とも大変で、日々忙しいことは実感するはずである。一般に、首長は忙しそうであるというイメージを持たれていることは確かである。しかし、その忙しさのゆえに、首長は常勤職であると言えるかどうかは別問題である。

◆地方自治法二〇四条の扱い

地方自治法二〇四条一項は「普通地方公共団体は、普通地方公共団体の長及びその補助機関たる常勤の職員、委員会の常勤の委員、……その他普通地方公共団体の常勤の職員並びに短時間勤務職員に対し、給料及び旅費を支給しなければならない」としている（傍線筆者）。同項は、自治体の常勤職の職員に関する包括的な規定であるが、その先頭に「長」が出てきているため、首長は、当然に常勤職であると思われやすい。

しかし、条文を仔細に見ると、二〇四条一項の傍線部分では、「その他」の次に「の」が入っていないから、首長を常勤職と決めているのではなく、同項は、首長に対して「給料及び旅費を支払わなければならない」ことを定めているにすぎないともいえる。

◆首長「給与」の根拠

給料・旅費と諸手当を総称して「給与」といっている。一般に「給料」は「給与」のうちで、正規の勤務時間による勤務に対する報酬をいうものとされ、この解釈によると、首長の給料は一般職の職員の給料と同様「勤務の対価」として支給されるといえる。その限りで首長にも正規の勤務時間がなければならないことになる。「常勤」というのは、原則として休日を除き、所定の勤務日及び勤務時間中は、常時、勤務に服することを意味するが、自治体の首長は、この意味で「常勤」してはいない。事実、週に二～三日しか登庁しなかった知事もいた。正規の勤務時間が決まっていないにもかかわらず、どうして首長には「給料」が支払われるのか、にわかには納得しにくい。

明白なことは、自治体は、首長に対して条例に基づいて「給料」を支給しなければならないとしており、この点で首長職は有給職となっている。どこの自治体でも法人の執行機関としての首長は不可欠であるから、その活動を財政的に補てんするべく地方交付税の一般交付金の中には首長給与に係る経費が算定されている。

一般に首長は確かに忙しそうであるが、その忙しさゆえに、首長は常勤職であるはずだと考えてしまうのは問題である。知事や市区町村長が常勤かどうかは明確に定まっていないにもかかわらず、どうして給料を支給しなければならないのか、それ自体を問題となしうる。

自治体の条例には、長の勤務時間、休日、超過勤務手当等の定めはない。また、地方自治法は、長の兼職を一般的には禁じていない。長としての活動は、登庁して執務室で仕事をするだけでなく、広範、多岐にわたり、その勤務の具体的形態も多様であって、いかなる行為が長の勤務に当たるか、必ずしも明らかであるとはいえない。自治体の機関である首長が、法定されている職務以外にどのような活動を許容されるのか、あいまいなままである。

首長には公務があって、しかも、その公務は登庁して行うものと考えれば、首長にもノーワーク・ノーペイの原則が適用され、公務に当てはまらない活動に公費を支給してはならないことになる。首長は特別職で勤務時間の定めはないし、首長の職務以外の活動をしてはいけないという制限規定もないから、首長の給料はその地位の効果として支給されると考えることもできる。それならば「給料」ではなく「長の報酬」とすればよく、なぜ、一般職の常勤職員のように、首長に「給料」が支給されなければならないのか、という疑問が起こる。（注１）公選職としての首長にはしかるべき「報酬」を支給するとする方が適当ではないか。

（注１）戦前の知事は、常勤職の国の役人であったから、当然に給料も退職金も支給されていた。戦後改革で、知事が直接公選職に変わったにもかかわらず、国の機関として国の仕事をすることになったため、常勤職扱いは問題にならなかったと思われる。しかし、機関委任事務が全廃されて、自治体の事務を遂行するようになったにもかかわらず、知事を正規の一般職員と同じように常勤職扱いを続けている。私見では、公選職の首長と議会議員に関しては、地方自治法二〇三条と二〇四条を改正し、この二つの公選職に対する報酬の規定を新設すべきではないかと考える。

第4章　首長の「給与」

4-1 任期を全うできずに辞職した都知事

自治体は、首長に対して条例に基づいて「給料」を支給しなければならないとしており、この点で首長職は有給職の扱いとなっている。自治体には法人の執行機関としての首長を置かなければならないから、その活動を財政的に補てんするべく地方交付税の一般交付金の中には首長給与に係る経費が算定されている。

◆就任一年で辞職した都知事◆

二〇一四年二月九日の東京都知事選挙では舛添要一氏が当選したが、この選挙は、猪瀬直樹前知事が医療法人「徳洲会」グループから現金五千万円を受け取った問題の責任を取る形で辞職したことを受けて行われた。わずか一年での退陣であった。有権者数一千万人超の巨大都市東京では選挙費用は膨大となる。都選挙管理委員会の試算では約五〇億円とされている。知事の失態がなければまったく必要のなかった公費の支出である。

二〇一三年一二月九日、猪瀬知事は都議会の総務委員会に出席して五千万円を受け取っていた問題について陳謝した上で、「今後一年間、知事の給与を全額返上したい」と述べた。そのためには知事の給料に関する条例案を都議会に提案しなければならず、月額約一三三・三万円の「月給」全額を一年間削減するというものであった。ただし、「期末手当」は対象外としていた。

都知事の「給料、旅費及びその他の給与」は「東京都知事等の給料等に関する条例」によって定まっている。知事の給料は、この条例の第二条の別表㈠で、一四五・六万円となっている。これが本則である。しかし、「東京都知事の給料等の特例に関する条例」の第一条によって、「知事の平成二十五年四月一日から平成二十六年三月三十一日までの間における給料の月額は、東京都知事等の給料等に関する条例（中略）第二条の規定にかかわらず、条例別表㈠に掲げる給料月額から、その額に百分の十を乗じて得た額（中略）を減じた額とする」とされていた。これは条例本則に対する減額規定である。そのため都知事の給料は一三一万円となっていた。ただし、条例四条第一項（給料及び旅費のほか、地域手当、通勤手当、期末手当及び退職手当を支給する規定）の適用については、この限りでないとされている。

猪瀬知事は、一年間の知事給料返上を可能にする条例改正案を都議会に提案する前に辞職に追い込まれた。知事の退職手当の額については、「東京都知事等の退職手当に関する条例」によって、本則の給与の額に「在職月数を乗じて得た額に一〇〇分の五二を乗じて得た」額とすることになっている。猪瀬知事の在職月数は一三カ月で、退職手当は（一四五・六×一三）×五二／一〇〇＝九八四万二、五六〇円であり、これが支給された。

続いて約二年四カ月で辞職した都知事

舛添氏も、政治資金や公用車の公私混同疑惑をめぐって、それへの対応（説明責任）のあり方が厳しい世論と都議会各会派の追及（総務委員会における一問一答方式による集中審議）に遭い、辞職に追い込まれた。在職期間は、二〇一四年二月一一日から約二年四カ月であった。歴代八人の都知事の中で、猪瀬前知事に次いで短かった。猪瀬前知事に続き「政治とカネ」の問題に絡み、都知事が二代連続、任期半ばで身を引く事態になった。舛添氏は、六月二一日付で辞職したが、退職した時点の給料月額一、四五六万円、六月の期末手当（一日時点で勤務していることが条件）一・五五カ月分・約三八一万円が支払われた。また、退職金として、在職月数二年五カ月分（一カ月未満の日数を一カ月分に換算）をかけた金額の五二％で、約二、二〇〇万円が支払われた。舛添氏が、知事就任以降に受け取った給与総額は計約六、八〇〇万円となる。

4-2　期末手当・退職手当の法的扱い

地方自治法二〇四条二項は、「普通地方公共団体は、条例で、前項の職員に対し、扶養手当、地域手当、住居手当、初任給調整手当、通勤手当……期末手当……又は退職手当を支給することができる」（傍線筆者）と規定している。期末手当も退職手当も「支給することができる」という規定になっているから、支給しなくてもよいともいえる。しかし、すべての自治体で期末手当を支給しているし、ほとんどの自治体で、四年一期ごとに退職金を支給している。この二項にいう「前項の職員」に首長が含まれるかどうか疑問なしとしない。普通、自治体の首長は地方公務員であっても職員とはいわない。

ともあれ、首長に対して期末手当と退職手当が支給されるのである。いずれも計算上の基礎は条例本則の給料月額である。期末手当は、年二回、六月と一二月に支給され、通称「ボーナス」とも言われ、支給率は六月分と一二月分が定まっている。これは給料と区別し手当といわれているが、実質的には給料の一部である。

退職金は、同じ公選職である自治体議会議員には支給されない。首長には、条例本則の給料月額×在職月数×支給率で算定される額が支給されている。給与の面で首長職には特別の配慮をしているといえる。その典型がこの退職手当である。

東京都の場合は、この比率が五二／一〇〇であるから、一期分で一四八・一×四八×五二／一〇〇で、三、六九六・六万円となる。ちなみに、日本の内閣総理大臣の退職金は、基本額（俸給月額×在職年数に応じた支給率）＋調整額（基本額×六／一〇〇）で計算され、仮に在職四年だとすると、二〇五万円（二〇一三年四月現在）×〇・六×四年＋二〇六万円×〇・六×四年×六／一〇〇となるから五二一・五万円である。同じ四年間で、総理が約五二二万円で、都知事が約三、六九七万円という額の差を当然とするか不自然と見るか、検討の余地がありそうである。

4
3

自治体間で大きな差がある首長の給与

総務省の「平成二四年四月一日地方公務員給与実態調査結果」（特別職関係）によると、知事、市区町村長では、平均給料月額で見ると、指定都市の市長が一一二・五万円と最も高く、以下、東京特別区の区長が一一二・四万円、知事が一一〇・九万円、市の市長が八二・三万円、町村長が六七・九万円となっている。この数字は条例本則の額ではなく、減額措置などを反映し現に支給されている額である。知事、市区町村長の平均給料月額を前年と比べると、知事が一・七万円（減少率一・五％）、指定都市の市長が五・一万円（同四・三％）、市の市長が〇・六万円（同〇・八％）、町村長が二五七円（同〇・〇％）、特別区の区長が〇・六万円（同〇・五％）減少している。

知事は自治体の機関として活動しているが、その活動との関連で都道府県間の給料差を合理的に説明できるだろうか。給料差ほど知事としての活動に差があるとは考えにくい。指定都市の市長が平均して高いのは、実質的に、都道府県の仕事と基礎的な自治体の仕事を兼任しているからだといえそうではあるが、検討の余地はある。指定都市と一般市、市と町村については、首長の活動にある程度の差異はありそうではあるが、各首長の活動と給料の関係を合理的に説明することは簡単ではない。

退職手当の根拠規定である条例の規定の仕方に特徴がみられる。退職手当は、給料（月額）×在任月数×支給率という算式で計算される。退職時の給料額が基礎となっているが、東京都の例でみたように、仮に首長の給料の額を特例条例で減額していても、退職手当の計算に際しては、条例本則の給料額を基礎にしている。

退職手当は条例でこれを定めなければならないことになっているが、自治体ごとに、その額はまちまちである。それは月額給料と支給率が違うからである。それらの高低を首長としての活動との関係で説明することは難しく、自治の範囲の問題というほかない。退職金は本質的には「賃金の後払い」とされ、課税の対象となっているから、首長の退職手当も一年分を割り戻し、その分を給料と期末手当と合算して、それを首長への「実質年間受給額」と考えることができる。自治体が支出している公費負担全体を総合的・包括的にとらえるため、こうした考え方も必要である。退職手当自体を廃止することもありうる。

特別職報酬等審議会

一般に、首長の給与については学識経験者などで構成される「特別職報酬等審議会」により検討・見直しを繰り返し、現在の額になっているといえる。その審議に関しては国が示した参考基準がある（昭和四三年一〇月一七日・自治給第九四号・各都道府県知事宛自治省行政局長）。以下のような内容である。審議会の委員の選任に関しては「審議会の審議に住民各層の意向を公平に反映させるため、委員の構成が、住民の一部の層に偏することのないよう配意する」こと、実施期間に関しては「特別職の職員の給料および報酬の額だけでなく、その改定の実施時期についても諮問する」こと、「運営」に関しては「審議会は必要に応じ、公聴会の開催、参考人の意見の聴取等の方法をとることにより、その審議に当該地方公共団体の多くの住民の意思が反映するよう努めるとともに、答申にあたっては審議経過、答申の理由等を明確にし、住民の理解が得られるよう特に留意する」こと、答申内容の尊重に関しては「特別職の職員の給与を改定する際には審議会の答申の額を上回って給与の額を決定し、または改定の実施時期を繰り上げることのないよう充分配意する」こと、審議会への提出資料に関しては「人口、財政規模等が類似している他の地方公共団体における特別職の職員の給与額、当該地方公共団体の特別職の職員に関するここ数年来の給与改定の状況等に関して、少なくともおおむね別記に掲げるような項目の資料はこれを提出し、審議会において充分な審議が行なわれ、適正な給与額の答申がなされるよう配意する」こととしていた。

別記の項目資料として、①近年における消費者物価上昇率、②人口、財政規模等が類似している他の地方公共団体の特別職の職員の給与月額、③過去における特別職の職員の給与改定の状況、④一般職の職員の給与改定の状況、⑤議会費の前五カ年間の一般財源に対する構成割合及び報酬を引き上げた場合における平年度ベースの構成割合の増加見込、⑥当該地方公共団体の議員報酬月額総額の住民一人当たりの額と類似地方公共団体のそれとの比較、⑦議会議員の活動状況（審議日数）が挙げられている（⑤〜⑦は議会議員のみに係るもの）。

各自治体では、この一九六八年の参考基準に沿って特別職報酬等審議会を設置し、その答申を尊重しながら特別職の報酬等を決めている。審議会が知事の給料水準を決定する場合の検討項目には「一般職の職員の給与改定の状況」が含まれており、人事委員会勧告制度に基づく一般職の給与水準を斟酌することによって、社会情勢、民間給与、物価などの諸事情の変化を知事の給料水準にも間接的に反映させていると思われる。自治体によって首長の給料に大きな差が見られるのは各自治体の審議会の答申の結果でもある。

しかし、条例本則で額を決めながら、特例条例による減額措置が、その時々の首長の考え方、社会経済情勢、自治体の財政状況等を考慮して行われており、その減額率そのものも政治的判断の結果としてばらついている。これは、臨時的措置として条例本則を棚上げにしているといえるが、首長の給与に関するより本質的な問題が含まれていると考えられる。そのいくつかの事例を見ておこう。

給料の削減・退職手当の非支給の動き

◈名古屋市の場合

河村たかし氏は、二、五〇〇万円だった名古屋市の市長年収を八〇〇万円に下げる、退職金を廃止することを公約に掲げて二〇〇九年四月二六日に初当選した。「名古屋市民の平均的な六〇（市長の年齢）のじいさまの給料と同じでやる」「会社に勤めて四年で退職金くれと言ったらどうなると思う？たわけかと言われとるよ」と語っていた。

名古屋市でも市長の給与は外部の有識者等で構成される審議会の答申を得て条例で決めている。「特別職に属する職員の給与に関する条例」では、市長の給料は一四六・七万円、退職手当の支給率は六〇／一〇〇である。河村市長は公約を守るべく、「市長の給与の特例に関する条例」（二〇〇九年七月一四日）によって、市長の給料月額を五〇万円とし、六月及び一二月に支給する市長の期末手当の額をそれぞれ一〇〇万円とし、地域手当も退職手当を支給しないとした。

河村氏は二〇一三年四月二一日に名古屋市長に三選。その年の九月定例市議会に、市長給与と市議報酬を二〇一四年度から恒久的に年間八〇〇万円とする条例案を提出した。河村氏は提案理由説明で「市長や議員が高収入の仕事なら、政治信念よりも家業として長く続けることを優先させてしまい、政治不信につながる」と述べた。市長選での勝利を踏まえ、「市民は、明確に市民並み給与とすることを選択した」と強調した。名古屋市議会は市長・市議報酬「八〇〇万円恒久化」案を否決している。現在は、「市長等の給与の特例に関する条例」（二〇一三年七月四日）によって、給料月額は五〇万円、六月及び一二月に支給する市長の期末手当の額はそれぞれ一〇〇万円、退職手当を支給しないとしている。なお、経過措置として、市長の施行日から二〇一四年三月三一日までの間における給料月額は七〇、三一三円とし、平成二五年一二月の期末手当を支給しないとしている。

◆熊本県の場合

二〇〇八年三月、東京大学を退職し、無所属で立候補した蒲島郁夫氏は対立候補に大差をつけて初当選した。知事は、臨時議会に選挙公約の「月給一〇〇万円カット」の条例案（熊本県知事等の給与の特例に関する条例の一部を改正する条例）を提案した。この提案について「県政にとって喫緊の課題である財政再建への取り組みとして、『隗より始めよ』の言葉どおり、まずは私の給料月額を一二四万円から一〇〇万円削減し、県民の平均給与月額とほぼ同額の二四万円とするものであります。これを熊本県知事としての私の決意の出発点とし、職員の意識改革も促し、全職員一丸となって財政再建に取り組んで参ります」と述べ、県議会は賛成多数で可決した。

これは、二〇〇八年度末までの特例措置であった。「熊本県知事等の給与及び旅費に関する条例」で定めている知事給料の額（本則）は一二四万円である。それを二四万円にしたのであるから、当時、知事給与として削減幅は全国最大で、額も最も低かった。蒲島知事は、これと連動させて約三六〇万円の期末手当（年額）を約八〇万円に減らす提案をしていた。県議会からは「職責の重さや県政運営上の影響からすれば、月給だけで十分」と修正動議が出され、一〇％削減の現行額が維持された。

二年目に入り、財政再建策の一環として、特例条例で二〇〇九年四月一日から二〇一〇年三月三一日まで知事の給料の一〇〇分の二〇を減額し、九九・二万円とした。さらに、知事給料及び期末手当の額の特例として、二〇〇九年四月一日から二〇一二年三月三一日まで一〇〇分の三〇を減額し八六・八万円にした。この特例期間には、知事の期末手当の額を条例本則により算出した額から、その額に一〇〇分の一〇を減じた額とした。蒲島知事は二〇一二年の知事選挙で二期目を目指して出馬し対立候補を大差で下して再選を果たした。

◆三重県の場合

二〇一一年四月二一日に、就任時点では大阪府の橋下徹知事を抜いて全国最年少（三六歳）で就任した鈴木英敬知事は、同年六月の県議会に知事の月給を三〇％減、期末手当を五〇％減額し、退職金を支給しないとする条例案を提出し、可決された。これらは選挙公約であった。これを東日本大震災の被災地支援や県内の防災対策強化に充てるとした。

三重県の「知事及び副知事の給与及び旅費に関する条例」では、知事の給料の額は、月額一二八万円、期末手当の額は、「給料月額及び給料月額に一〇〇分の二〇を乗じて得た額の合計額」に六月期は一八七・五／一〇〇を、一二月期は二〇二・五／一〇〇を乗じて得た額になっている（総額五九九万円）。退職手当は、給料月額に知事としての在職月数を乗じて得た額に七〇／一〇〇を乗じて得た額としている（一期四年を務めると四、三〇〇万円）。

これを「知事の給与の特例に関する条例」によって、給料の額は「月額からその百分の三十に相当する額を減じて得た額」に、期末手当の額は、「百分の五十に相当する額を減じて得た額」にし、退職手当については「知事等給与条例第五条の規定にかかわらず、退職手当を支給しない」としている。これにより、知事の給料は八九・六万円、期末手当は二九九・五万円となっており、仮に一期四年を務めても四、三〇〇万円の退職金は支給されない。退職金を受け取らないことも四月の知事選で公約していた。現三重県知事の給与は退職するまで年額約一、三七五万円である。

この他にも、臨時措置として首長の給料を減額している自治体は少なくない。これは条例本則に対する臨時措置であるが、これを続ければ、実質的には条例本則は形骸化し、なぜわざわざ「特別職報酬等審議会」を設置しているのかがあいまいになる。あるいは、この審議会のあり方自体に問題が起こっているのかもしれない。

知事への退職金支給は法的根拠に基づくものではあるが、戦前に常勤職の国の官吏であった知事が、戦後改革で公選職に変わったにもかかわらず、退職金支給の当否はほとんど検討されることなく、当然のように存続してきた面を否定できない。財政難が続き、住民の厳しい監視の目が向けられるようになった現在においては、四年の任期ごとに相当高額の退職金を受け取ることに対して、普通の住民の感覚からは強い違和感や疑問がぬぐえず、見直しを迫られているといえよう。

第5章　首長のリーダーシップ

首長は、対外的には自治体の代表者であり、その意思決定は地域と自治行政の行方を左右する。そのため、首長には、役所内を掌握し、議会との調整を図り、首尾よく対外折衝を進め、自治行政の成果をあげていくという大きな期待がかかっている。

5-1 機能としてのリーダーシップ

きわめて抽象的にいえば、リーダーシップ（指導）とは、ある集団が直面する問題状況を課題として認識し、それに対処する行動指針を集団のメンバーに提示することであるといえる。このようなリーダーシップの捉え方は、しばしば言われているようなリーダーの資質や人格的特徴を重視するという考え方を否定することなく、しかもリーダーシップという事象をそれにのみ還元せず、もう少し広い文脈のなかに位置付けようとする考え方である。

◆リーダーの資質

一般に、どのような集団のリーダーにも通用するようなリーダーの資質があるわけではない。リーダーとはフォロワー（一般のメンバー）あってのリーダーであり、どのような目的の活動をするのか、どのようなメンバーから成る集団であるのかによって誰がリーダーたりうるかは異なってくるし、あらかじめ、いずれの集団にも通用するようなリーダーの資質があるわけではないのである。

例えば、しばしばリーダーには決断力が必要だといわれる。確かに果断な意思決定を下す必要は起こりうるが、つねに果断であることがリーダーの能力かといえば必ずしもそうとはいえない。果断は、時には、猪突猛進ないし軽率に通じるのである。しかし、反対に、果断が必要なときに逡巡ないし躊躇すれば優柔不断のそしりをうけるかもしれない。場合によって熟慮と優柔は紙一重なのである。

このようにリーダーに必要な能力は問題状況の認識とそれへの有効な対処であり、決定を下さないという決定もまたすぐれた意思決定であるということになる。ただやみくもに決断すればよいわけではない。けれども、「動」に転じなければならないときに「静」のままであれば、リーダーとしての決定能力を疑われることにもなる。このように、決断力の有効性は時と場合による。

その他にも、細心と豪放、厳格と柔和、干渉と度量、能弁と寡黙等の資質に関する見方も同じである。しかも、リーダーたりうるか否かは、あくまでも実技実演の世界における具体的な活動目標と人間関係を前提にしている。集団と状況がリーダーをうみ、リーダーが集団と状況をまとめ動かすのである。リーダーシップというのは、このような関係概念あるいは機能概念であるといえる。

◈フォロワーシップ

最近の民間経営論では、リーダーシップと同時にフォロワーシップも重視されている。フォロワーとは、一般には、リーダーを補佐する人のことで部下やチームメンバーを指している。フォロワーシップとは、集団の目的達成に向けてフォロワーがリーダーを補佐し支えていく機能のことを意味している。フォロワーシップが大事なのは、フォロワーは単に指示に従って行動するだけでなく、自発的に意見を述べ、リーダーの誤りを修正することが期待されているからである。それには、何よりもリーダーとの信頼関係が必要となる。人間関係における信頼の基礎が、正直、誠実、思いやりにあることはよく知られている。

地域の文脈

もう一昔前になるが、一時期、「考え方はグローバルに、行動はローカルに」（Think globally, act locally.）という言葉が流行ったが、今でも、それなりに通用する。物と金と人と情報の流出入はもはや地域境も国境もなく、国際的な広がりのなかで、日常生活の相互依存関係が進展しており、その限り、地球規模で物事を考える必要性は増している。

と同時に、実際の行動は生活の拠点のある地域においてこそ大切な意味をもつのである。言い換えれば、全体を上から見渡す鳥瞰の眼と、地べたにはいつくばる虫の足の必要である。もっとも、これは、思考のあり方をグローブ（地球）に、行動をローカリティ（地域）に分化させるということではないだろう。ものごとの現状と動向はグローバルにもローカルにも考えなければならないのであって、グローバルにだけ限定していればよいというのではまったくない。

また、行動についても、行動の舞台を世界に求めることも意義あることであって、狭い地域に限る必要はないが、地域での実践が大切であることには変わりがないのである。要は、広い視野と着実な実践の重要さを国際化という時代潮流のなかで表現したのが先の言葉であるということができる。

実は、自治体におけるリーダーシップを論ずる場合にまず考えなければならないのは、このような

「場」の特性をとらえる眼なのである。地域は、広狭を問わず、どこでも、自然と物と人、そして、それらが結びついて生起する出来事（事）によって構成され、時間のなかで変化していく。これを地域の文脈と呼べば、それをとらえる眼は、地域の来し方と現在と行く末に及んでいなければならないだろう。来し方の結果として現在があるならば来し方を点検することなしに現在の認識は成り立たないし、行く末への展望ないし責任感なしに現在の行動をとることは軽挙である。

かつて地域に想いを託してその想いの実現をなかばにして亡くなっていった人びとの願いを今に実現させようとすれば、地域の歴史のなかで、ともすれば忘れかけられている「人財」を現在によみがえらせることになるだろうし、「このまちに、このむらに子どもは残るか」と問いかけつつ、現在の施策を選択しようとすれば、あるべき地域の未来像への加担こそが目標理念として現在を導くのである。地域の人びとの現在の利害はもとより無視できないが、さりとて、それのみに固執する限り、ついに安易な現状追随主義に陥り、地域と人びとの暮しに劣化をもたらすかもしれないのである。

地域の文脈というとき、それはなによりも地域を構成する要素である自然・物・人・出来事の「たたずまい」のことであるが、その具体的な姿とそれに人びとが与えている意味は異なっているのである。そこに文化が息づいている。ここでいう文化とは、ある地域に属している人びとが自分たちの文物や言動に与えている共通の意味のことである。

例えば、ある地域の方言は地域の構成要素間の関係を独自に表現する言葉の様式であり、地域の個性を形づくっている。このように、地域の人びとに共有されている感じ方、考え方、振舞い方こそがその地域の存在理由と他との相違を形成しているのである。地域で暮らす人びとが、本当は、どのように自然との関係をもち、どのような物を作り、どのような使い方をするか、どのように人と人との関係を結び、どのような活動を組みたいと考えているのか、それを的確に見抜かなければ地域の文脈はわからないのである。リーダーは、この地域の文脈のなかで、あるいはこの地域の文脈に働きかけながら、自分の存在価値を示すことになる。

危機と首長のリーダーシップ

一般的に、リーダーシップの始動要件は不適応事象の発生である。今まで行ってきたことを、今までのやり方で、滞りなく遂行し、それで特に問題がなければ、リーダーシップの発揮は特に必要でないだろう。今までの考え方とやり方ではもはや対処できない事態が出てくること、すなわち不適応事象の発生こそがリーダーの出番を要請する合図である。

なぜなら、不適応事象の発生は、人びとにどうなるのかという不安の心理とどうしたらよいかという戸惑いが生まれており、対応のための指針なり具体的な対処のための方針なりが必要となっていることを意味しているからである。この不適応事象の発生は、不安や戸惑いを伴うという点で「危機」ということができる。

さて、危機はいつ来るかといえば、ある人がある事態を危機と感じたときに来る。どんな人が危機を感じるのか。自治体についていえば、地域のあるべき姿やありたいと考える状態についてのイメージをもっていて、しかも敏感な人が危機を感じる。逆にいえば、無関心で鈍感な人には危機はなかなか来ないのである。この意味で、危機を察知できる人がいない地域では危機は急速にその深刻度を増す可能性がある。

自治体には、予期・予想しない、あるいはできない突発的で非常的な事態が生じることがある。そうした事態は、一般には、どのように展開するか見当がつきにくいという点で、不確実さと不定型性を特色としており、一種の危機であるということができる。

こうした危機への的確な対処こそ「指導力の発揮」という政治家としての首長の最も本質的な機能である。これは、リーダーとしての力量が試される最も先鋭的な事態である。首長は非日常的な事態の発生と進展につれて、しかるべき手を打ち、危機を乗り切るための中心とならなければならない。平常時のルールや振舞い方では対処できないからである。

比較的に平穏無事な日常業務の上に乗っていられるのであれば、首長のリーダーシップの力量はわからない。首長のなかには、その在任中、この力量をほとんど試されず、はたしてどの程度の政治力があったのかわからない人もいる。いわば平時に強くとも、事態が大きく流動したときに無能ぶりを示す首長もいる。ともあれ、首長の存在理由の一つは、危機に対処するためにリーダーシップを発揮するという点にある。

天変地異と首長

われわれは、朝・昼・晩と、普段の生活を繰り返して生きている。普通は、この日常生活は、退屈で、味気なく、心ときめかない、当たり前の日々の連続である。そのためには辛抱・忍耐が必要であり、それと引き換えに平穏を享受しているともいえる。しかし、日常生活が途切れて普段と大きくかけ離れた暮らしを余儀なくされると、日常生活がどんなに大切か、いかに心安んずるものか、しみじみと感得することになる。不慮の事故に遭い、思いもかけない病気にかかるなど、平穏な日常生活がふいに中断されることがある。なかでも、人びとの日常生活を一瞬にして中断させるものに天変地異がある。

人びとの恐れるものを順に「地震・雷・火事・親父」といってきた。今日では親父の権威は影をひそめてしまったが、地震・雷・火事は「健在」である。天変地異は忘れたころにやって来るというが、わが国では地震は忘れる暇がないほど起きている。眼に見える形で、それだけに人心に不安や動揺や困惑を与え、しかも実際になんらかの危害をもたらす危機とは、なんといっても、地震、津波、豪雪、豪雨、洪水、地滑り、日照り等の天変地異である。人知・人力をこえ人びとの生命・身体・財産等を破壊する自然災害の発生は、つつがない日常の生活に中断や大きな狂いや混乱をもたらす。わが国は、むしろ常時災害の国であるといってもよい。災害時には予想外の事態が発生し、事前の対応策が機能しないことが起こる。

こうした天災は、まさにリーダーシップが発動されなければならない危機の発生である。同様に、予期せぬ大きな事故（人災）も人びとに非日常感覚を生じさせ、それへの対応にリーダーシップが必要となる。天災・人災などの危機に見舞われると、人びとは日頃考えもしない、あるいは予想できない態度や行動に出る可能性が大きいし、また、避難等で不慣れで忍耐のいる生活や行動を強いられることにもなる。

こうした事態におけるリーダーシップの役割は、臨機応変のテキパキとした明示的な決定と指示である。日常業務の上でも各種の小さな滞り、トラブル・困難などが発生するから、それなりにリーダーシップの発揮は必要であるが、天変地異とか大きな事故ともなれば、事態の不確実さや不定型さの点で、臨機応変の必要の程度ないし範囲も大きくならざるをえない。そして、臨機応変による事の処理こそがリーダーシップの発揮という「首長政治」の核心である。文字通り、それに当たるトップ・リーダーの真骨頂が試される。

二〇〇九年八月、兵庫県佐用町を襲った豪雨によって二〇人が死亡した。死者五人の遺族が避難勧告発令の遅れが原因だとして同町に約三億二、一〇〇万円の損害賠償を求める訴訟を起こしていた。二〇一三年四月二四日、神戸地裁姫路支部でその判決が行われた。判決によると、二〇〇九年八月九日、台風九号の影響で町内を流れる佐用川や支流が増水し、亡くなった五人は午後九時過ぎ、自宅近くの小学校に歩いて避難中に濁流にのまれたが、町が避難勧告を発令したのは午後九時二〇分であった。判決は、避難勧告を発令するかどうか、いつ発令するかは町長の裁量であるとし、佐用川の水位が三メートルを超えた午後七時五八分時点で、町が勧告を発令しなかったことについて、町の周辺では一件しか浸水の報告がなく、損害の発生は予想できなかったとし、町の過失を否定した。しかし、この判決が重要であるのは、災害時の避難勧告については、「町長は防災計画に従って避難勧告を発令する義務がある。義務を怠り、住民に被害が発生した場合は賠償責任を負う」という初の判断を示したからである。

このケースでは、ポイントは町が災害の発生を予見できず早期の避難勧告発令は困難だったかどうかであった。もし故意や過失で発令を見合わせたときは著しく不合理と評価され違法になる。豪雨災害の多いわが国では、災害発生時、首長はきわどい判断を迫られるのである。

東日本大震災の教訓

東日本大震災の特徴は、例えば一九九五年の阪神・淡路大震災と比べると、被害の大半が津波と原発事故に由来し、被災地域が広域にわたっており、しかも、そこには多数の中小都市及び農山漁村が包含されていることである。高さ一五・五メートル、東北一の防潮堤と水門が大津波から岩手県普代村を救った例はあったが、津波来襲時に人命を守る最後の砦である人工物としての防潮堤が各所で破壊され、破壊されなかった防潮堤も津波が乗り越えてしまい、三陸海岸では点在する漁村の多くが壊滅的な被害を受けた。大津波が次々と海岸を越え田畑・住宅街を襲った。自然の猛威の前には、残念ながら、この巨大な人工物は役立たなかった。しかし、また巨大なコンクリートの防波堤を建設しようとしている。

大地震とそれに伴う大津波で止まった福島第一原子力発電所の冷却装置が機能麻痺に陥り、放射能が飛散し、被爆を避けるために地元の人びとが避難するといった深刻な事態が発生した。原発の「絶対安全神話」は消し飛んだ。この原発事故によって、原子力は電力として使うのには無理なエネルギーではないかということが明白になったのではないか。大地震と大津波は自然現象であるから防ぎようがない。しかし、原子力発電をやめることはできる。原発事故と放射性物質の飛散は、ある意味で、「人間は自然を征服し統制する力をもっている」という考え方を基礎にした産業文明のほころびが明白になったことを意味しているように思える。

東日本大震災を経験したわれわれは、この非常時における自治体とその首長の言動がいかに大切かを知らされたはずである。放射能飛散の対策はなく、被害地域の住民は情報不足の中でより遠くへ避難するしかなかった。そのとき、地元の首長の言動が頼りであった。自分もまた疑心暗鬼になりがちな首長は、ともかく人びとを安全な場所へ誘う導き手にならなければならなかった。

震災発生直後、被災地では閉店中の店舗から品物を盗む出店荒らしや空き巣や停車中の車からガソリンを抜き取るといった非侵入窃盗がなかったわけではないが、地震と津波から命をながらえ避難所に集まった人びとの間では不足しがちな物資をめぐって略奪騒ぎは起きなかった。困っているときは「お互い様」の言動が自然と出た。こうした人々の自己規律と他者への思いやりは、非常時における首長のリーダーシップの支えとなっている。

もし、天変地異の非常時に輪をかけて非常時を生み出すような騒動が起これば、その鎮静化に精力を割かざるを得なくなり、事態収拾のコストは何倍にもなる。平常時に培ってきた地域における人びとの「絆」は非常時にこそ生きる。

危機は、タイミングをはずさぬ決断の必要によって首長個人の存在を突出させるし、事態のなり行きが首長を鍛えることにもなる。だからこそ、市町村の首長の選挙において有権者が忘れてはならないことは、万が一の場合に、この人物はどれほど頼りになる危機のリーダーであるかを見極めることであるが、実際には、これがなかなか難しいのである。一票を入れる段階では、候補者が危機のときに本当にリーダーシップを発揮する人物かどうか分からない。危機が来なければ、非常時に首長が頼りになるかどうか分からない。

分からないうちに、首長職を終えるほうが、本人にとっても住民にとっても幸せかもしれない。しかし、天災等の危機はいつ来るか分からない。危機が起きてから、首長にリーダーシップがないことが判明したらどうするのか。非常時には、平常時のようにリーダーとしては失格だから取り替えようというわけにはいかない。誰かがそれをカバーする以外にない。しかも、危機は、例えば人口の自然減と社会減のように、劇的にではなく、ひたひたと忍び寄ってくるかもしれない。

5　2　首長による内部統合の機能

自治体の行政活動は典型的なピラミッド型の組織を通じて行われている。自治体の組織は、それぞれ明確な範囲の所掌事務と権限を有する執行機関によって系統的にこれを構成しなければならないことになっており、その執行機関の中心は、首長の直近下位の内部組織（首長部局）である。部、局、課などの単位組織に分かれ、それぞれに管理職者と一般職員が配置されている。これはいわゆる縦割り行政の原因ともなるから、首長は、執行機関が一体となって行政機能を発揮するよう意を用いなければならない。首長部局の他にも、執行機関としては会計管理者、委員会又は委員等が置かれているから、一体性確保の観点から、それらの行動にも注意していなければならない。これは組織の内部統合の機能である。この点で、首長はいかなるリーダーシップを果たすことが求められているのか。

サブ・リーダーの重要性

ピラミッド型の組織では、そこに配置されているメンバーが上司と部下の関係の中で仕事をするから、組織のトップの意向が組織の末端へ下降していく。逆に、この下降ルートを辿って、各部署のメンバーの反応（受容・疑問・建策など）が上昇する。

この場合、重要になるのは、トップ・リーダーにとっては、部下である次位のサブ・リーダーにどのような人材を登用するかである。一つには、サブ・リーダーは、トップ・リーダーとメンバーの中間に立って両者の媒介項となるからである。トップから遠い現場が行動しやすいようにトップの意向を説明し、目標の共有を図り、メンバーの気持ちを安定させる必要がある。メンバーは、組織全体やトップ・リーダーよりも、日常的に接する、より身近なサブ・リーダーに同一化する傾向をもっているからである。

しかし、他方で、サブ・リーダーは、場合によっては、組織内における非公式集団（派閥など）を形成し、トップ・リーダーへの「反逆の砦」になって組織を分裂に導くこともありうる。そこで、トップ・リーダーは、サブ・リーダーを「反逆の砦」にすることなく、組織の内部統合を図っていかなればならないのである。

首長の「内の顔」

首長職というのは、四年に一度選挙を通じて民意の審判を受けなければならない。もし現職の首長が再選への願望をもっていれば、そして通常はその願望をもっているから、任期中の振舞いの中に、次の選挙に備える言動が出てくることは避けがたい。場当たりで人気取りの施策だと批判されても、再選が最優先の動機であれば、あらゆる可能性を利用して、そのように振る舞うであろう。これは、首長の「外面（ソトヅラ）」である。しかし、単なる人気取りはいずれ見透かされるから、行政運営の成果という形で実力を示さなければならない。

わが国の地方自治体は、法制度上は、明確な形で法令に違反しない限り、実際には自治体としてのどのような事業・施策でも行うことができる。現に行われている市町村営の民間的事業をみれば、そのことはよく分かる。市町村にはかなり大幅な施策の選択余地が認められているといってよい。地域に根ざした新規の施策を実現していくために既存の法令さえ変えさせてがんばってきた市町村の実例も少なくない。もちろん、市町村にとって都道府県や国の省庁の意向や指導を無視することはできないが、それでも、市町村の施策・事業の間にかなりの相違がみられるのは、単なる地域の個別的な実情の反映というのではなく、市町村としての意欲と力量の差といってよい面が大きいのである。この意欲と力量の発揮に自治体トップのリーダーシップのあり方がかかわっている。

しかし、いかに独任の公選職といっても、首長一人では、いかんともしがたいから、自らがトップに立つ執行機関全体を動かして事を成していく必要がある。首長は、どのような「内面（ウチヅラ）」（強面か柔和か、強引か民主的かなど）によってサブ・リーダーを動かしていくのか。役所内でまったく孤立してしまうことは滅多にないにしても、幹部や職員の心が離反しては大きな事を成すことは難しい。首長のリーダーシップは役所内の「人心」のあり様によっても大きく左右される。それは、いわば首長をトップとしたリーダーシップ層の形成の問題でもある。

権威主義型の首長の弱点

首長は公選職であるから、役所組織はその首長の意向に従うのは当然であると考えられている。そうではあるが、実際の役所内の意思決定過程から見ると、トップとしての首長の振舞い方が、①首長の権限・役割の行使が、広く職員の期待と信頼に基づいているかどうか、②首長の意思決定が断定的ではなく修正可能な性格をもっているかどうか、③決定過程においてフィードバック機能（確認・質問・異論・提案など）が働いているかどうかによって、役所内の「人心」掌握に相当な違いが出てくると考えられる。それは、内部統合におけるトップ・リーダーシップの型の違いになる。

民意を背負って当選してきた首長は、意思決定で気負いがちになるが、問題は、それが、フィードバック機能の弱い権威主義型の振舞いになってしまうことにある。この場合の権威主義とは、最高権限の地位に就いているがゆえに、その権限の地位から権威が流出し、だれでも自分の指示や命令に従うものだと錯覚し、部下の職員たちに自分の意思を独断的に押し付けることをいう。職員たちが首長に期待している言動を首長がとっていると評価するときに、首長に信頼と権威が生まれるのである。フィードバック機能が働かないと、権威主義型の首長の下では、独断的な決定と情報・討議の制限、イエスマンの登場、達成目標イメージの乖離、不信感が発生しやすく、ついには、密かに首長忌避の動きさえも出てきてしまう。

もちろん、権威主義型とは対照的な民主主義型の首長の下で、首長が明確な方針を示さず、フィードバック機能が効きすぎると、メンバー間で達成目標のイメージが分裂し、意見・人事をめぐる対立が起こり、それらが上級役職へ上昇・吸収・統合されなくなる可能性がある。それゆえにこそ、トップが陥りがちな権威主義を諌めつつ、庁内を風通しの良い体制にするためにメンバーとの仲立ちをするサブ・リーダーに人を得るかどうかが大切になる。

首長を支えるトップ・マネジメント体制の改革

二〇〇五年、第二八次地方制度調査会は内閣総理大臣に対し「地方の自主性・自律性の拡大及び地方議会のあり方に関する答申」を提出している。その中で、「長を支えるトップマネジメント体制の見直し」に関して提言した。

わが国の自治体では長を支えるトップ・マネジメント体制は、特別職として、都道府県にあっては副知事、出納長を、また、市町村にあっては助役、収入役を、それぞれ一人ずつ置くことが原則とされ、また出納長・収入役は、専ら会計事務をつかさどることとされていた。このような特別職のあり方は、一八八八年に制定された市制町村制における助役・収入役の制度を原型とし、必要な手直しが加えられつつも維持されていた。実際には、半数を超える都道府県において複数副知事制を採用し、収入役を置かないこととする市町村は増加の傾向にあった。また、出納長・収入役については、出納事務の電算化等も進む中で、本来の職務である会計事務とは直接関係のない事務を担当しているという実態も見受けられた。

そこで、答申では「現行の副知事・助役、出納長・収入役の制度を廃止し、各地方公共団体が自らの判断で適切なトップ・マネジメント体制を構築できるよう、新たな制度に改めるべきである。この場合において、副知事・副市町村長の制度については、その定数は、人口、組織の規模等を勘案して条例で任意に定めることとするとともに、長の補佐、職員の担任する事務の監督、長の職務の代理といった現行の職務の形態に加え、長の権限を委任することができることを明確にし、自らの権限と責任において事務の処理に当たることができることとすべきである。また、特別職としての出納長・収入役の制度は廃止するものとするが、収入、支出、支出命令の確認等一定の会計事務をつかさどる一般職としての補助機関を置くなど、引き続き会計事務の適正な執行を確保する仕組みが必要である」と提言した。

この答申に沿って二〇〇六年に地方自治法が改正され、それまで一般に行われていた都道府県では知事・副知事・出納長、市町村では市町村長・助役・収入役という自治体三役体制が終わりを告げた。

◆出納長・収入役の廃止

改正前までは、出納長は必置とされ、収入役については、政令で定める市及び町村は条例で置かないことができることになっていた。その選任については、副知事・助役と同様、議会の同意を必要とし、自治体の会計責任者としてその職務がある程度首長から独立しているため、任期中は首長が任意に解職することはできないことになっていた。出納長・収入役は、自治体ではナンバー・スリーの位置にあり、その本務自体は重要であるが、さしたる仕事量ではなく、むしろ常勤の特別職としては、職員人事や議会対応など「会計事務とは直接関係のない」仕事をこなし、次の副知事・助役待ちのポストにもなっていることが少なくなかった。副知事・助役の人事の議会同意が得られない場合などは、実際にその代役を担ったりすることもあった。

相対的に高い報酬を支払う特別職としての出納長・収入役を置く必要性はなくなったといえるが、この制度を廃止する場合には、収入、支出、支出命令の確認等一定の会計事務をつかさどる一般職としての補助機関を置くなど、引き続き会計事務の適正な執行を確保する仕組みが必要であり、改正法では、首長の補助機関である職員のうちから首長が命ずる会計管理者を一人置くことになった。特別職でない会計管理者が三役から外されたことは明らかであった。

◆ナンバー・ツーの副知事と副市町村長

市町村に置かれていた助役は副市町村長に改名された。助役は公選首長を直接補佐する地位にあることから、しばしば「女房役」と呼ばれていた。「女房役」という呼称は、亭主と女房というような男女役割分担論を前提としており、少なくとも男女共同参画社会基本法の制定以降は使いにくくなっている。知事を直接補佐する地位を副知事といってきたことに合わせれば、副市町村長が適切ということになる。

知事、市町村長にとっては、特に副知事、副市町村長の人選は重要である。首長に事故があるとき、又は長が欠けたときは、副知事又は副市町村長がその職務を代理することになっているからである。しかも、その副知事及び副市町村長は、首長が議会の同意を得て選任することになっているため、対議会対策上も重要人事となる。

副知事及び副市町村長は、首長の職務を代理するだけでなく、首長の権限に属する事務の一部について、首長を補佐し、首長の命を受け政策及び企画をつかさどり、その補助機関である職員の担任する事務を監督することもある。

ナンバー・ツーの位置にある副知事・副市町村長は、もともと、首長の職務を代理できるだけの人物であるとみなされ、しかも、議会を含む政治事情によっては、現職の知事・市町村長の対抗馬になりうる。副知事・副市町村長の任期は四年となっているが、首長は、任期中においても、これを解職することができるから、自分の地位を危なくする副知事・副市町村長を実質的に「排除」できなくはないが、そうなれば政争になる可能性があり、解職人事には慎重にならざるをえない。

ときに、知事が副知事として国の役人を身分切替えで選任し、市町村長が副市町村長として府県の職員を充てるのは、しがらみがないだけに、首長が思い切った施策に乗り出すための「助っ人」にもなるからであるが、そうした職員は、国や府県に戻ることを前提にしているため、対抗馬にはなりにくいと考えられているからでもある。

◆副知事・副市町村長の就任宣誓

首長にとっては、副知事、副市町村長は、信頼できる自分の片腕として、有能ぶりを発揮してくれることに越したことはない。わが国最初の自治基本条例といわれた北海道「ニセコ町まちづくり基本条例」は数次にわたり改正されてきたが、現行の二六条一項は「町長は、就任に当たっては、その地位が町民の信託によるものであることを深く認識し、日本国憲法により保障された地方自治権の一層の拡充とこの条例の理念の実現のため、公正かつ誠実に職務を執行することを宣誓しなければならない」とし、その二項で「前項の規定は、副町長及び教育長の就任について準用する」としている。

二〇一二年一二月一八日、ニセコ町議会定例会で、副町長は、「宣誓、私は日本国憲法に定める地方自治の本旨及びニセコ町まちづくり基本条例の理念である情報共有の実践によって町民一人一人が責任を持ってみずから考え、みずから行動することによる町民が主体のまちづくりを実現するため、地方自治法に定める副町長の職務と責任の重さを認識し、公正かつ誠実に職務を遂行することを誓います」と宣誓している。

議会において副町長の就任宣誓を行わせるのは、町政にとって副町長の存在を重視しているからであり、他の自治体でも、こうした宣誓を行うことにしてはどうか。首長にとっては、副知事、副市町村長の「職務と責任の重さを認識し」自分の補佐役として行政運営に粉骨砕身の努力をしてくれることを公の席で誓ってくれることは、このサブ・リーダーとの関係の基礎づくりとして有意義であろう。

◈管理職の「上がり」ポスト

一般職の職員から見れば、副知事・副市町村長は特別職であり、自分たちの担当する事務を監督する立場にあるし、ナンバー・ツーとして職員人事にも影響力をもっているから、その人選には大いに関心を寄せるのが普通である。首長の考え方や議会の意向にもよるが、一般職の職員の「上がり」が副知事・副市町村長であることが少なくない。それは総務部長・総務課長などの枢要なポストに就いた職員が期待する最高ポストといってもよい。その人選に関心をもつのは当然である。

一般職の幹部職員にとって副知事・副市町村長が特別昇格ポストであれば、首長や議会とのそれ以前の関係形成が大事であることになる。議会側の「オボエメデタイ」というように振る舞うことにもなる。これが、首長との関係を微妙なものにするかもしれないし、逆に、首長は、そうした幹部職員を取り込み、活用することになるかもしれない。副知事・副市町村長の候補者を内包する一般職の管理職をどう育成し、活用するかは、首長をトップとする自治体の人材育成方針と人事管理システムのあり方に関係している。

定価 2,640 円（本体 2,400 円＋税 10%）

第6章　首長と演技

首長が公選制となっており、何選であろうと、再び選ばれたいと考えている限り、現職の首長が、できるだけ多くの機会をとらえて、再選にとって有効と思われる言動を行うのは自然である。せっかく獲得した権力の座である。それを維持しようとがんばるぐらいでなければ、もともと首長選挙に打って出ようとは思わないだろう。

知事であろうと、市区町村長であろうと、およそ政治家を志そうとする人物は、一般に、「虚実が入りまじり、不確実さと争いのつきない世界で、気力と体力にあふれ、資金力と演技力を元手に、ときに外聞などかなぐり捨てて権力を追求する」といったタイプといってよいだろう。その自己顕示、細心さ、厚顔振り、行動力において、並みの人間ではとても政治家として生き残れない。

パフォーマンスは、性能、実績、成果、演技、演奏などと訳される。政治家の振舞い方に関連しては「人目を集めるための派手な行動」といった意味で用いられることがある。ちなみに、ＩＣＴの分野ではシステムや通信回線などの性能や通信速度や処理速度などのことを意味することがほとんどである。ここでは、「演技」のことを指すとし、首長の演技について検討したい。

6 1　権力の現前性

首長の座を射止めた翌日から次の選挙戦がはじまる。現職首長の強みは、現職であることを最大限に活用できることである。その活用策の一つは、首長としての自分の姿を、できる限り多くの機会に、できる限り多くの住民（特に有権者）の前に露出することである。これを政治学では「権力の現前性」といっている。

例えば、どのような集まりでも紹介をうけると、「ただいまご紹介をいただきました知事（市・区・町・村長）の〇〇〇〇です」と必ず自分の名前を復唱する光景を想起してみればわかる。聴衆は登場する人物が知事（市・区・町・村長）の〇〇であることをすでに知っている。それでも復唱するのである。それは、本音でいえば「この私が知事（市・区・町・村長）だ」ということの再確認を眼の前の聴衆に求めているのである。今ここにいるのが他ならぬ首長（権力）であるということをわざわざ言っているのである。

この「権力の現前性」ということと結びついている首長の行為には、住民参加施策の促進がある。住民参加の形態はさまざまであるが、首長にとっては自分の存在価値を最も有効に印象づけうるものが望ましいだろう。「住民の皆さんの生の声を直接お聞きすることで、できるだけそれを行政に反映させたい」とか「住民の皆さんが現実にどういう点にご不満なりご批判をもっているかをお聞きして、改めるべきは改めていきたい」といって、首長が直に住民のなかに入っていくことは、ときには「ご用聞き行政」「人気取り」と揶揄《やゆ》されもするが、現然性の再確認には有効なのである。住民にとってみれば、直に首長の声を聞ける、トップに会えて話をきいてもらえるという点で、首長が身近な存在に感じられると同時に、なにほどかの自尊心も満たされるのである。

首長はなんといっても「大物」なのである。その「大物」が、そしてなかなか直に会えない多忙な身であるにもかかわらず、今ここにいる、そして自分たちの言うことに耳を傾けている、この住民の意識が「権力の現前性」ということの心理的支えなのである。現職首長が、こまめに、地域ごとの住民懇談会に顔を出し、各種団体の集まりに姿を見せることには、役所・役場内のルートをあがってくる情報とは一味も二味も違った生の情報を入手し、意思決定の判断材料とすることができるという意味もある。と同時に、再選に向けて首長という存在自体を活用するといったパフォーマンス（演技）の意味ももっているのである。だからこそ、住民の眼に直接触れるそうした機会に、首長は首長らしく振る舞わなければならないのである。そして首長らしく振る舞うとはどういうことか、それが問題となる。

6-2　民意の審判

首長選挙に立候補するのには筆記試験とか面接試験はない。現行法上では、知事は満三〇歳以上、市区町村長は満二五歳以上という年齢要件はあるが、そこの住民でなければならないという住居要件はない。もちろん、首長はその自治体の区域において選挙されるから、実際の選挙では、その土地になんらかの機縁があったほうが票を組織化しやすいであろうが、別にその土地の出身でなくとも、あるいはそこに住んでいなくともかまわない。落下傘候補とか輸入候補もある。

もともとその土地の人であっても、一体、首長選の立候補者が、地方自治の法制と運用、中央と地方の関係、地域の実情、日本や世界の動向等について常識程度の知識をもっているかどうかも住民には分かりにくい。こうした点を筆記及び面接試験によって評定し、一定水準以上でなければ立候補を認めないというような制度にはなっていないのである。

一般職の自治体職員の場合は、競争試験の結果によって採用される。競争試験は、筆記試験により、もしくは口頭試問及び身体検査並びに人物性行、教育程度、経歴、適性、知能、技能、一般的知識、専門的知識及び適応性の判定の方法により、またはこれらの方法をあわせ用いることにより行われる。首長になるためにこうした試験は課せられていない。

しかし、首長になるためには、こうした社会通念上の試験ではないが、別の意味でのテスト、つまり「民意の審判をうける」という試練をくぐらなければならない。選挙運動期間中は有権者に顔をみせ、声をかけ、今ではブログに書き、ツイートし、票を集めるのである。その集票の多少がテストとなっているのである。票の集まりが少なければ落選となる。しかし、より多くの票を集めて当選した人が首長の任にふさわしい人物かどうかは分からない。

公選制とは選挙で選ばれた人を首長とみなすことであって、当選した人が首長としてふさわしい資質・能力・見識をもっていることを必ず保証するものではない。そうであるかどうかは実際に首長をやらせてみなければ分からない。人気があって当選しても首長としては落第ということも起こりうる。ただし、落第といっても次の選挙で落選しなければ、それは下世話な政治談義にとどまることになる。

6-3 パフォーマンス（演技）

ところで、票を集めるために有効な行動様式と当選した後で首長として振る舞う行動様式とでは違いがあるのが当然である。しかし、いずれの場合にもパフォーマンス（演技）を行う必要があることは共通している。

perform の form（フォーム）は形、型のことであり、per は「形を整え、それに従って動くこと」である。パフォーマンスには「成し遂げること」（達成）というほかに演技という意味がある。型に従って振る舞うことを文字通り芸として演ずるのが俳優である。俳優は、台本通り、演出家や監督の指図に従って型行動（振り）を演ずるが、その演技力に差があり、名優もいれば大根役者もいる。脇役が良くて主役が光ることもある。名優は振りをすることが見事で、観客にぎこちない不自然さを感じさせない。大根役者は「学芸会じゃあるまいし、ひっこめ」などと侮蔑される。この侮蔑がこわいから稽古に励み、芸を磨こうとする。それに評論家もうるさい。

票集めのパフォーマンス

票集めのための行動様式には多分にパフォーマンスの要素がつきまとっている。票固めと票起こしには、ちょっとした態度・仕草・表情・言葉使いの適否がものをいう。気さくさと慇懃《いんぎん》無礼、愛想の良さと追従、平身低頭と卑屈さ、強腰と自信のなさは、それぞれ紙一重である。擬態も芸のうちであるが、あまりに下手で下品なら嫌われ、疎んじられる。

頭を下げるといっても九〇度では不十分、一八〇度もまれでない。票ほしさに土下座芸とて躊躇しない。たとえ眼は笑っていなくとも満面笑みの握手芸もスキンシップの有効性を信じていればこそである。

選挙においては「主役」はあくまでも有権者である。もち上げられ、もてなされると嬉しがる有権者も少なくない。立候補者が、誇大広告になることを知っていても、ついつい有権者の歓心を買おうと、できそうにない政策を約束してしまうこともある。「有権者は神様」（開票結果を「天の声」という）だから、小まめに出向いていって、支持・投票を「お願い」しなければならないのである。えらぶってはいけない、無礼であってはならない、不快感を与えてはいけない。これを鉄則にして、屈辱的な集票行動も厭わない。「そのぐらいでなければ有権者は承知しませんよ」とは選挙のこわさを知っている政治家の実感であるという。

候補者にしてみれば、投票日に投票所で自分の名前を書かせる、それが選挙運動のすべてである。そのために使えるものは何でも使う、それが選挙戦術である。候補者が自分自身を使う、それが選挙におけるパフォーマンスなのである。そしてパフォーマンスは、実技実演の話であるから、場数を踏み、振りを身につけ、人を飽かせなくなれば一人前のパフォーマーとなる。それでも当選できない悲しきパフォーマーも出てくるのである。

権力の運用と「超然さ」

さて、幸いにも当選ということになると、首長の椅子に座る。なんといっても、一つの自治体にはたった一つの椅子である。ずしっと責任の重い椅子でもある。この椅子に座る首長には選挙戦の時とは違ったパフォーマンスが求められる。権力を運用するには、それなりの自制心と見識が必要であるからである。票集めとは異なった振舞い方が問われるともいえる。

パフォーマーとしての首長がいわゆる俳優と異なるのは、通常、振りを指図する演出者・監督がいないことである。どうしても自作自演になるから厳しい評価が行われにくい。そこで、事情に疎いにもかかわらず横柄な「殿様」の芸になったり、一人悦に入って独演して失笑を買う「ひとり芝居」になったりすることが出てくるし、「権力の座」に就いたことをよいことに利己（私的資産形成）に走って汚職・逮捕といった「おそまつ」な一幕物になったりする場合もあるのである。

ところで、選挙のときは、集票のために、有権者に近づき、有権者に好かれ、有権者と分け隔てない親しみやすさ・気やすさが大切であるが、首長になって権力を運用する段になると、一種の超然さが求められると言えよう。首長は、たとえ選挙が党派に分かれて激しく争われたとしても、当選すれば、住民（地域）全体の代表者であって、仮にも一部の利害・団体の代表者であってはならないからである。事柄の全体を見渡し、中長期の視点に立って、視野狭さくと猪突猛進を戒め、えこひいき・不公平に陥ることなく、「さすがに首長だけのことはある」といわれるようにならなければならない。

それだけではない。首長は、当該の自治体を統括し代表する立場にある。ここで「代表」とは、首長が外部に対して、その自治体の行為となるべきさまざまな行為をなしうる権限をいい、首長のなした行為そのものが法律上直ちにその自治体の行為となることを意味している。これは法律上の代表であるが、「あそこにはあの首長がいる」というように、そのパーソナリティが自治体のイメージを代表（表象）することも看過できないのである。それは、名物首長の存在自体が例えば自治体のブランド化に貢献することからも伺い知ることができる。

ところで、首長の「超然さ」にはいくつかの側面がある。

◆孤独と平然

その一つは独任の職位を占め最終責任を負う者の孤独さである。もちろん、首長は、職員全体を補助機関として利用できるし、幹部職員に意見を求めることも、議会の有力者と内々に相談することもできる。しかし、結局、首長自身が実質的な決断をしなければならない事項は少なくない。そうしたときに、首長は独りぼっちである。不安に苛まれ、思いあぐねて眠れぬ夜もあるだろう。それでも、優柔不断とか小心者とかいわれないために、内面の苦悩など表にはおくびにも出さず、平然として、しかも断固としてその意思を示してみせなければならないのである。首長職は孤独な稼業である。

◆近づき難さ

また、個別利害の実現のために首長に近づこうとする住民や団体等と距離を保つことを求められる。首長の意向は直接、間接に行政運営に対して効力をもっている。小さな町村などでは首長の態度や決定がしばしば絶対といってよいほどの影響力をふるっていることがある。だからこそ、いろいろな思惑ないし魂胆を秘めた接近がある。とくに、うまい話、うさんくさい話、筋の悪い話をもって近づいてくる人物とは非公式の場で直に接触することを避けなければならないのである。首長の「重み」を軽視するような非礼な接触の試みに対しては、これを峻拒する平然さが望まれるといえよう。

「距離は権威をつくる」といわれるが、それは、首長の地位をないがしろにするようなものに対する近よりがたさを保つことであってはじめて意味をもつ。しかし、それは広く住民の声を聴くことへの冷淡さ・無関心ではない。その切り分けが大切なのである。

◆動じない事の処理

さらに、動じない事の処理が重要である。自治体では慎重に事を企てても、つねに予定通りに順調に事が運ぶとは限らない。思わぬ横槍が入り、事が裏目に出ることもある。文句が出て非難を浴びることもある。

そうした場合に、最高責任者の首長が、気を動転させ、事を不必要にあらだて、責任を他に転嫁するため周辺にスケープゴーツ（身代りの犠牲者）をさがすといったあわて振りを見せてはいけないのである。事が裏目に出たときこそ首長が動揺せず平然としていること、そして、適切に事に対処できることが必要である。首長が動揺すると、それは役所にいわば伝染して、全体の雰囲気が重苦しくなり、活動が委縮してしまうからである。

◆克己と自制

以上のような首長の「超然さ」あるいは「平然さ」は、権力の運用に当たって強い克己と自制の精神力が求められていることを物語っている。首長は、いかに小規模であっても、何千という住民の日々の暮しに影響を及ぼす意思決定を行う職位につく以上、利己に陥ること、恣意に流されることをつねに警戒し、清潔で公平な行政運営の実績をこそ次の選挙戦での政治的資源として利用しうる首長であることが期待されている。

権力の座はときに人を狂わすともいう。権力の座を維持しようとして権力を濫用して権力の座から追われる実例が絶えないのも権力欲にとりつかれた者がいかに克己心と自制心を失いやすいかを示している。

それでも、権力の座を求め、獲得し、それを維持しようとがんばっている政治家は元気で長生きである。ひょっとして、権力欲をたぎらせ続けることは元気で長生きの秘薬なのかもしれない。しかし、そのことが地域と住民に犠牲や損害をもたらすかもしれないのである。一見して信頼できそうで、力強く、頼もしそうにみえる首長でも、政治家であるかぎり、住民は警戒心を解除してはいけないのである。そして、安心できる首長かどうかの一つの目安は、さきに言及したような首長の「超然さ」ないし「平然さ」ではないかと思われる。

もちろん、「超然さ」ないし「平然さ」は首長のパフォーマンスの一つにすぎない。それは、どちらかといえば、落ち着きとか手堅さとか安定とかといったイメージと結びついているといってよい。しかし、首長のパフォーマンスはこれにとどまらず他にもいろいろあるだろう。首長には、ときに、人びとの間に動きをつくり、それに方向を与え、さらに引っぱっていくというリーダーとしてのパフォーマンスも期待されている。ビジョンを描き、企画を促し、外部と交渉し、人を配置し、人に働きかけ、事を成し遂げていく、そこにもさまざまなパフォーマンス（演技）が必要である。事態を劇化し、躍動させ、人びとを先導するためにはそれなりの演技がいる。一回限りの真剣勝負の演技がいる場合もあるのである。

第7章　首長の挨拶

選挙で当選すれば、まず首長は、選挙で世話になった人びとにお礼の挨拶を行い、議会や国などの関係者への挨拶に歩く。「よろしく」と「おめでとう」の交換である。任期の初日には、役所の幹部職員を前に自らの方針や抱負などを含む挨拶を行い、協力を要請する。また、初議会では、「これから四年間、市長を務めることになりました。天命に従い人事を尽くすことをお約束いたします」とか「市民の皆様のご信託を得て、引き続き市政運営を担わせていただくことになりました。市民の皆様のご期待に全身全霊でお応えする覚悟です」といった挨拶をする。議会各会派に挨拶に回る。

首長は、外に向かって自治体を代表する顔をもっている。そうした対外的代表者としての首長の活動にはいくつか重要なものがあるが、ここでは、挨拶者としての側面について検討してみたい。首長は、さまざまな機会に、挨拶をしなければならない立場にいるからである。

自治体のホームページを開くと、多くのところで、各種行事・会議に首長が出席し、挨拶をした記録を掲載している。人口約一三万のある市の市長は、二〇一二年度の一年間に実に一一五回に及ぶ挨拶をしている。役所の暦でいえば、四月一日の辞令交付式、小・中学校教職員合同宣誓式から始まり、一二月の年末年始特別警戒出動式、永年勤続優良職員表彰式、年末仕事納め式、新年の仕事始め式、新年賀詞交換会、成人式、三月末の退職者辞令交付式に至るまでの間、記念式典、祝賀会、開会式、祭り、表彰式、開所式、歓迎会、各種会議などの集まりに出席し挨拶をしている。挨拶が重要な仕事になっている。

7 1 挨拶の重要性

挨拶における「挨」は推す、「拶」は迫るの意で、もともとは、禅問答におけるやりとりを指す言葉であるという。以下では、首長が、儀礼として祝辞や謝意を表したりすることを含め、予め準備されている集まりに出席し、その場にいる人びと対して、自分が出席した立場、集まりの大切さ、抱負や希望などを述べることを一括して「挨拶」を指すことにする。

挨拶のなかには「それはご挨拶だね」というように、他になんとか挨拶のしようがあろうものなのに、言うに事を欠いて何というあきれたものの言いようか、といった皮肉や怒りを誘発するようなものもある。事実、首長の挨拶のなかには、これに近いもの言いもあるし、面白みに欠けることこの上ないものもある。何げない挨拶のなかに、ある重要な示唆をにじませることもある。首長であるがゆえに、たかが挨拶とかたづけられない場合もある。せっかく挨拶をしにいって聴衆を怒らせてしまうような失態をしでかしてしまうことさえもありうる。あまりに形通りで誠意が感じられず、「あんな挨拶なら次からは来なくてもいい」と失望を買う挨拶もある。首長としては、挨拶一つにも、言葉と表情と動作と身なりとが合成した演技力を要求されるのである。

7-2 多いあて職

首長になると職務上、つまり首長であるがゆえに同時に別の機関や団体の役職の地位に就かざるをえないことが少なくない。通常、「あて職」とよんでいるものがその中心である。「あて職」以外で役職に就任しているものも多い。首長は、役柄としてそうした役職に付随する役割も演じなければならないのである。人口三〇万のある市長の場合は、肩書が「あて職」で一四、「あて職以外」で四六あり、「その他会員等」になっているものが三七もあった。役職の任期の有無や期間は異なっている。市長がその肩書きで挨拶をする場合は、それぞれに挨拶の文章を準備する担当課があり、それらが役所組織全体にわたっていることが分かる。

首長になると、とても一枚の名刺には書き切れない数の、いくつもの肩書きをもつことになるのである。この肩書きの多さからも、首長が日々忙しい理由の一端が分かる。肩書きのなかには実際にはまったく名目上のものもあるし、実際には休眠中のものもあるが、年一、二回は、やれ総会だの、大会だの、理事会だのといって、肩書きに伴う役割を果たさなければならない。

◆現場に行って挨拶する重み

それだけではない。とくに役職者としてではなくとも、地域で行われる行事・イベントのなかには、首長が出席ないし臨席して一言挨拶をしなければならない場合が少なくない。多くの人びとが集まる機会に首長が姿を見せることは、その集まり自体に一種の権威ないし重みをもたせるだけでなく、既述した「権力の現前性」を示すのにも有効である。人前での挨拶、これが首長としての大切な行動の一つである。役所の中にいただけでは、首長の務めは果たせない。それだけでも外出も多くなる。「首長は元気で留守がいい」といわれるが、留守がちになるのは、挨拶のための外回りが少なくないからでもある。

ところで「あて職」であろうが「あて職以外」であろうが、自治体の首長が「会長等の役職に就任している」のには、それなりの理由があり、それぞれの団体・組織・機関にとっては、しかるべき機会に現に首長に来てもらって挨拶してもらうことは、その存在の重みに関係している。

首長が団体等の長に就任しながら、首長挨拶に姿を見せず、代理にまかせ、メッセージの代読で済ますことは稀でない。これには常套句がある。「本来なら○○市長が参りまして親しくご挨拶すべきですが、あいにく他の公務が入っておりまして、私が代理で参りました。私は市役所で○○をしております、○○と申します。よろしくお願いいたします。」

関係の団体等にとっては首長の名前が役職表に載っていればよいという場合もあろうが、そのメンバーや関係者にとって首長が役職に就いていながら、年何回もあるというわけでもないのに、挨拶に顔も出さないというのであれば、何か自分たちが軽視されている、あるいは無視されているように思え、そのような首長に対しては畏敬や信頼は感じられないことにもなる。

挨拶に来ない首長にも、例えばよんどころ無い公務があるといった、それなりの理由はあろうが、本当に名前だけで挨拶にも来ないのであれば、最初から役職に名前を連ねるべきではないのである。できるだけ、大勢の人の集まる席へ顔を出せる機会を確保しておこうという政治的意図も理解できないではないが、関係者を失望させるような名ばかりの役職就任はむしろイメージダウンにつながるといえよう。

もっとも首長が会長等の役職に就任している団体にはそれなりに予算がつけやすいとか補助金を出しやすいといった別の実際上の理由も考えられる。しかし、そうであるならば、首長の挨拶はないものと初めから了解をとりつけておくことである。今度は、今年こそは来てくれるかもしれないという期待をもたせて、その都度、幻滅を味わわせるのは首長の評判を落とすことにもなり賢明なやり方ではないであろう。

7 3　挨拶と自己顕示欲

さて、首長の挨拶は、一般に、聴いていて、それほどおもしろいというものではない。首長自身がおもしろみに欠ける人物であるからというのではない。あらかじめ準備されている挨拶の文章が前例踏襲というか紋切型になっていて、しかも、それをそのまま読むからである。これには、挨拶文を準備する担当課の職員にも責任の一端がある。しかし、首長自身も忙しいとか細かいことは分からないとかいった理由で担当課が用意した文章を棒読みすることにも問題がある。

もっとも儀式性の強い集まりでは、首長がおもむろに内ポケットから挨拶文をとり出し、厳粛な面持ちで読み上げることが挨拶の定型として了解されている場合もある。このような場合は、大抵、短時間のうちに必要最小限の分かり切ったことを淡々と述べることになるから、特に聴衆に感動を与えるということはない。しかし、だらだらと余計なことをしゃべられるとその場の厳粛性がそこなわれるから、それはそれでよいともいえる。それにしても、若干でも創意を加え、よく練られた内容を、表情を付けて朗読すれば聴衆に与える印象はかなり違うものとなる。

◈挨拶の心理的効用

どのような集まりや会場であれ、首長が顔を出し、一言挨拶するというのは「公人」ないし「名士」としての大切な行動である。やや誇張して言えば、首長の挨拶は記録にとられ保存されるだけの価値をもっている。だから、ちょっとした挨拶でもないがしろにすべきでない。ということだけではなく、人びとから注視され傾聴されているだけに、どのように見られているか、どのように聞こえているかを意識しつつ、人びとに与える印象について注意深くあるべきなのである。

もともと、大勢の人の前で話すという行為には、本人が気づいているか否かを別として自己顕示欲が満たされたという心理的な効用がある。人から見られていること、人から耳を傾けられていること、それ自体が当人の存在を目立たせていることを意味しているから、目立ちたいという欲望はかなえられることになる。目立つことはいやだ、恥ずかしいというのであれば、山ほどの肩書きを引き受け、人前で挨拶せざるをえないようなはめに自分を追い込んだりはしないだろう。人前での挨拶が沢山あるというのは、自己顕示欲なしではとてもつとまらない「公人」にとって、もともと適合的なのである。

本人の自己顕示欲も満たされ、しかも関係の団体等にとっても意義がある挨拶であれば、会場の雰囲気、聴衆の顔触れ、集会の進行手順等には無頓着に、用意された代わり映えのしない挨拶文を一本調子で、お義理のように、顔も上げずに棒読みするような首長がいるというのはやや理解しがたい。日頃、自己顕示欲を満たす機会が多すぎて、ついおざなりになるからかもしれない。自分が人びとからどのように見られ、どのように聞かれているかということに自覚的になれば、つまり、人びとの期待を感じとりつつ自己表現するというならば、ちょっとした挨拶でもないがしろにしないはずである。

聴衆の耳目が自分に注がれているという自己意識は、役所の内で首長の椅子にすわって決裁印を押すときとはまた違った内的喜びを実感できるはずである。首長になったからこそ、こうして人前で話せるのだという実感は権力の座についた者の楽しみの一つのはずである。

◈「希人」（まれびと）の挨拶

首長のなかには、自分は人前で挨拶するのは好きでない、あるいは面倒だという理由で代理に行かせる人もいなくはない。しかし、この場合にも、代理はあくまでも一種の首長の分身であって、首長としての行為であることには変わりはない。もちろん、聴衆の側は「なんだ、本人でなくて代理か」ということで期待を裏切られたという気持ちになる可能性はあろうが、代理を出すことで首長としての義理というか責任は果たしたことになる。首長という職務は、他にもいろいろと忙しいことが多く、すべての挨拶に付きあってはいられないのだろうと善意に解釈されることもあろう。

いずれにせよ、代理を出せば、当の首長は、人前で現に挨拶をしないのであるから、自己顕示は満たされない。各種団体の関係者からすれば、首長に実際に出席を願って挨拶に立たせるためには、その挨拶が首長として無視できない、つまり万障繰り合わせて出なければならない、あるいは出たいと思わせなければならないから、それなりに気骨が折れる。

「あて職」の場合ならともかく、それ以外の場合には、事前に直接ないし人を介して首長の了解と予約をとりつけておかなければならない。人前で挨拶することが、程度の差こそあれ、自己顕示欲を満たす効力をもっていることがわかれば、より大勢の聴衆を集めうることは首長から挨拶の予約をとる上で効果的であると考えられるであろう。

首長の挨拶と人集め（動員）の関係は、団体関係者からすれば首長に「おいでいただく」のであるから、あまり聴衆が少ないのは失礼ではないかということであるし、首長からすれば颯爽《さっそう》と登場し、大きな拍手と会場ぎっしりの聴衆で迎えられそうかどうかで、挨拶にいく意欲も違ってくるというものである。

聴衆からすれば、首長は、なんといっても「希人」（まれびと）なのである。その「希人」が眼前にいる、その人から話をきけるというのは、やや誇張していえば、一種の「求愛劇」を演じる一人ひとりになることでもある。自分が選挙のときに実際にその当人に一票を投じたかどうかにかかわらず、首長が挨拶にくる会場に出席している以上、「希人」を目の当たりにするのは決して悪い気分にはならないであろう。

7 4 首長挨拶と担当課

そこで、首長の挨拶は、あらかじめ用意されているにしても、話し言葉である以上、生き生きとして聴衆に訴えかけるものでなければならないのである。どうも挨拶文の準備をする役所の担当課職員は、首長挨拶のもつ意義に気づいているとはとても思えないほど、この話し言葉を軽視しているのではないだろうか。そうでなければ首長挨拶文のあのつまらなさを説明できないのである。

首長が出席するのだから関係団体が住民を集め、首長挨拶を静聴するのは当たり前だと考えているとするならば、それは浅はかというか短慮である。話し言葉を生き生きさせるためには、誠実さや真面目さのうちにもユーモアやウィットを感じさせる表現が必要なのである。そして、そうした文章をその場の雰囲気に合わせて、当意即妙な言葉を加えて実際に首長が話せるかどうかが重要である。

普通、リップサービスというと、政治家が口先だけで、うまいことを言うことを意味しているが、紋切型で躍動感に欠ける首長挨拶が多い現状を考えると、挨拶におけるリップサービスの意義を強調したくもなるというものである。

あまりに打ち解けてくだけすぎるのも問題であろうが、あまりにもサービス精神に欠けた無表情の挨拶もいただけないのである。演説や公演とは異なって大向こう受けするとか、爆笑をさそうとかいう必要はないかもしれないが、「さすがに首長だ」と思わせる程度の言葉の演出は必要である。

肩書の多さから分かるように、首長挨拶の内容は実に多方面にわたっている。もともと自治体の行政は住民の暮らしの各般に及んでいるから、それが首長挨拶の内容にも反映するわけである。ちょっと考えてみても、これだけ多方面にわたる事柄の実情をすべて正確に熟知しているということは、とても一人の人間の能力を越えるから、それぞれの分野で、現在何がポイントなのか、これから何が基本的な課題になるのかを、わかりやすく要点をおさえて文章化することは担当課職員の責務である。

おそらく、首長及びそのお伴をする秘書以外には、首長挨拶の内容のすべてを知っている者はいないだろう。住民を集める席で住民に挨拶するための話題である限りでも（換言すれば議会などでの政策論議のテーマでないが）、首長は、各担当課の問題意識や課題設定のセンスを感じ取ることはできるのである。首長挨拶を大切にし、挨拶上手な首長は、実は、このセンスによって担当課職員の評定を行いうる立場にあるといえる。

首長が挨拶文の作成について担当課を信頼できないというのであれば、それは単に文章表現上の巧拙の問題ではなく、一定の住民との関係における担当課の対応能力に首長が不満をもっているということでもある。どうせしなければならない挨拶であっても、それを見事なものになしうるか否かは、首長と担当課が政治的センスの共演を上手にできるかどうかで決まってくるといえよう。

7-5 挨拶と身なり

首長挨拶というものは、現に本人が行う場合には、集まりの趣旨と会場の雰囲気にもよるが、服装や表情を含めて全体としての身なり・出で立ちと結びついて会場の人びとにある印象を与える。

礼服着用の儀式の場合はともかく、挨拶に立つ首長の身支度にもいろいろ工夫があってよいであろう。首長はもともと自己顕示欲が強い人であるから、身に着けるものも、派手で目立つものを必ず好むかというと必ずしもそうでもない。あまりギラギラと悪趣味ではないかと思われるものは考えものだが、さりとて、貧相というか、無頓着な格好で登場されるのも困りものである。

別にスタイリストとよばれる職業人の助言を求めるまでもないが、もし身内の者や周辺の者の助言がなければ、首長本人が自分の身なりに思慮深くなければならないのである。出で立ちもまた挨拶の一部なのだから。

第8章　首長と対外交渉

8-1 首長による交渉

首長は、自治体の意向・意思を外に向かって公式に代表する立場にある。自治体が事を運ぶ上では、しかるべき外部の関係者と交渉して了解なり承認なりをとりつけなければならないことが少なくない。交渉者（ネゴシエイター）としての首長、これもまた首長の大切な役割イメージである。例えば、次のような事例の中に首長による交渉の様子を窺うことができる。

①　政府は、米軍普天間飛行場（宜野湾市）の名護市辺野古への移設を進めようとしている。移設の実現には、公有水面埋立法によって沖縄県知事が移設先の辺野古沿岸部の埋立てを承認する必要がある。知事は、現地の抵抗を考慮しつつ、承認に当たって環境配慮などの条件を付けることができる。不承認であれば、国は「公益を害する」として地方自治法に基づき県に是正を指示することがあり、それも考慮に入れなければならない。埋立承認の権限を知事がどのように行使するかが交渉を左右するといえよう。

②　原子力発電所事故から四年もが経過した今でも、多くの住民が避難を余儀なくされ、また放射能による健康への不安や風評被害に苦しめられている。平成二三年一二月の原子力災害対策本部で決定された基本的考え方に従って、対象となる市町村や住民との協議を経て、同本部で、審議の上、新たな避難指示区域の設定及び施行日が決定されている。この避難指示区域の見直しは、原子力災害対

策特別措置法に基づいて、原子力災害対策本部長たる内閣総理大臣が、被災一一市町村の避難指示区域について新たな区域を設定するとともに当該市町村長に対してその旨指示することによって行われている。避難指示区域の見直しは、故郷に戻りたいと考える住民が一日も早く戻れる環境を整備し、地域の復興・再生をより一層進めていくために行われるものであるから、国との協議に当たる関係市町村長の対応は重大である。福島県内では、このところ、いわき市長選、郡山市長選、全住民避難の富岡町長選、福島市長選、二本松市長選、八割近くの住民が自主避難する広野町長選で相次ぎ現職が敗れている。除染を含め原発事故からの復興が進まない停滞感が現職批判につながったとみられている。国との交渉では地元住民の声をいかに結集し主張していくか、その能力が問われているといえよう。

③　これまでの水俣病の認定基準は申請者に複数の症状があることを事実上の条件としている。しかし、最高裁は、二〇一三年四月、手足の感覚障害だけでも認定できるとする判決を下した。国の公害健康被害補償不服審査会は裁決と矛盾しない新たな方針を環境省に迫った。熊本県知事は、男性に謝罪し水俣病と認定した。環境省は裁決を「参考事例と受け止める」という見解を示していた。知事は、二〇一三年一二月の県議会で「国が考え方を整理し、納得のいく方針を示すべきだ。このままでは県が適切な業務を行うのはきわめて難しい」と述べた。知事は「参考事例とかたづけることはできない。同じ国の組織でありながら考え方がまったく統一されていない」と批判し、「行政を担う者は水俣病の影響を受けたすべての方々に寄り添い続けなければいけない」「認定業務を返上する覚悟で

物申したい」と述べた。環境省も対応の検討を行っている。知事は、認定業務を逆手にとって国の対応を迫っている。

8-2　交渉――相手を動かす

首長の実力を表す一つの尺度は対外的交渉の成否である。交渉というのは、何らかの利害関係を前提にして、相手と何かについて取り決めるために話し合うことであり、かけあうこと、談判することである。もう少し言えば、交渉というのは、ある問題について相手とわたりあって、その問題の解決について自分の希望通りに実現させようとすることであるし、交際・接触などによって、なんらかの関係を保つことでもある。

こうした意味で、交渉はいたって主体的な行動である。ある意図をもって、対話、議論、取引によってお互いに受け入れることができる諸条件を導き出し、それに合意することであるといえる。そのために相手に働きかけ、相手を動かし、その意図を実現しようと行動する。普通は、言葉、とくに話し言葉が力を発揮する。交渉者としての首長は相手を説得することに巧みな言葉の使い手でもあるのである。

他人を動かすために活用しうる諸手段のことを政治学では「政治的資源」と呼ぶが、交渉を成功に導くための政治的資源の一つは相手に「わかった」といわせる説得の言葉なのである。しかも、説得とは、ひたすら正論を説くことでも、ただ自分の願望を述べることでもなく、相手を納得させることであるから、そこには説得の言葉以外の付随条件が必要である。以下、こうした条件を含め首長による交渉のいくつかの側面について考えてみることにしたい。

「知人システム」の形成と維持

首長は自治体執行機関のトップであるから、その首長自らが交渉に乗り出すには、事と次第による情勢判断と相手の都合とタイミングがある。しかるべき職員が相手とわたりをつけていて、話しの下ごしらえはできているが、いまひとつ前進しない場合もあろうし、最初から単刀直入に首長が相手に会うほうが有効である場合もあろうし、その他さまざまな場合があろうが、いずれにしても、その相手と会える手はずが整っていなければならない。相手の態度が「取り付く島もない」とか「けんもほろろ」というのでは交渉に入れない。会見の申込みを相手から一蹴されず、まずこちらの話をきいてもらうためには相手に取り付かなければならない。

わが国の役所世界では、そして、おそらく広く社会生活でも、この相手に取り付く上で、知人、非知人の区別がたいへん大きな意味をもっているように思われる。「友だちの友だちはみな友だち」とまではいかないまでも、自分が知っている人を介して未知の人を紹介してもらい、知り合いの範囲を拡げていくことによって形成されるヒューマン・ネットワークを「知人システム」と呼ぶことができる。知人が多い、顔が広いということは、なにかにつけて交渉のための相手に接近する上で有効な政治的資源となるのである。

この「知人システム」の形成と維持には、それなりのコストがかかる。音信を絶やさず、頼み頼まれる関係を保ち、世間一般の交際の程度にはプレゼントの交換（贈与互酬）を行って、非知人化することを避けなくてはならない。ここではギブ・アンド・テイクによる相互便益が基本である。「やらずぶったくり」では「知人システム」は維持できない。

もちろん、その都度、ギブとテイクが一対一の対応関係である必要はない。「長期多角決済」（政治学者・高畠通敏の造語）でよいのである。「長期多角決済」には「江戸の敵を長崎で討つ」という場合も含まれるが、ここでは、意外な所で、また筋違いのことで昔の恨みをはらすのではなくて、そのような場合でもお互いに役立ち合うことであり、その帳尻を長期に、またさまざまな機会を通して均衡させることを意味している。

もともと人は、他人それも赤の他人には無愛想になりやすい。どこの馬の骨かわからない赤の他人には遠慮や配慮はいらないと考えやすい。「知人システム」は、この赤の他人を知り合いの他人（やや安心でき、なにがしかの配慮をしなければならない他人）に変える装置であると考えることができる。もちろん、知人になったからといって、そう右から左へ、こちらの願望がかなえられるわけではないが、ともかく「取り付く島」は確保できるのである。どのような「知人システム」を開発・維持しているかは、首長の、そしてその自治体の対外交渉力の大切な要素となっているといってよいであろう。

「筋」の強さ

首長の交渉は、その自治体の側からみれば一種の対外関係の処理といった性格をもっている。国の場合の対外交渉（外交）でいえば、その国の経済力・政治力・軍事力などを背景にして自国に有利になるような展開をめざすことになる。その交渉の成否は、単に交渉術の上手・下手の問題ではない。相手との力関係が大きな影響力をもっている。

しかし、自治体の首長が交渉を行う場合の相手は、一般に、市区町村長でいえば、都道府県や国の省庁であって、実際の権限関係の中では、首長は時には、いわば「弱者の立場」で相手に当たることにならざるをえない場合もある。法令解釈のすき間をみつけて新規の条例や事業を実現するにしても、許認可の事前協議をクリアーするにしても、補助や指定を獲得するにしても、まして国や府県からの要請に対応するにしても、当の市区町村にとって少しでも有利な判断や決定を引き出すためには熟慮が必要であり、時には下手に出る「お願い」事にもなる。

もちろん、実際には、背に腹は代えられないという必死の思いから、なんとしてでも色よい返答をもらうという「泣き落し」戦術も行われようが、やはり、そこには「筋」が必要なのである。ある事で相手方からOKをとりつけても、別の事で「負債（借り）」を負い、中長期的にみて地域・地元にとってマイナスになってしまうような交渉ならやらないほうがよいことになる。

「一寸の虫にも五分の魂」と張り切って見せるほどのことはないにしても、まず、なぜある事を実現したいかについて筋立てて説明できるような根拠なり理由なりが明確になっていなければならない。「筋」の強さとは、地域の事実・実情に裏打ちされた政策発案に基づき、さまざまな質問に的確に答えられるだけの内実を備えていることである。もちろん、もっていく話の筋がいつも一点の曇りもない、非のうちどころもないといった完全なものであるには及ばない。完璧な原案は原案にならないともいう。むしろ若干なりとも不備・弱点をもつ原案を示し、相手から助言・訂正をもらうことで、原案に対する加担（実質的な関与）をとりつけるのも交渉の一戦術である。「お教えをうける」「知恵をつけてもらう」ことで「筋」を固めることが時には必要ですらある。

それにしても、持参した「筋」が不用意であるとか杜撰《ずさん》だといった印象を与えるようでは有利な交渉の見込みは立たない。荒削りのアイディア（構想）について相手側の感触なり「脈」なりを知っておく（探りを入れる）といった初発の段階ならともかく、自治体としての決意をもってある施策の推進をはかろうとする場合の首長交渉ともなれば、相手方から突っ込まれて返答につまってしまうような「原案」では首長は恥をかきにいくようなものである。

そうならないためには、首長自身がすぐれた弁舌の人であるだけでなく、原案自体が職員を中心にした政策研究に裏打ちされていなければならない。とくに既存法令の解釈上、特段の工夫が必要であるとか、他に例がないような新規施策に乗り出すとかいった場合には、あらかじめ衆知を集め、想定問答を繰り返し、言葉を慎重に選び、あるいは新たに創り出し、強固な論拠を用意しておかなければならない。

首長は、それを懐に入れて相手（人）を見て説得の術を試みることになる。関連の文書・資料を用意した上で、要領よく何をどうしたいかを明快に話し、意地悪いと思われる質問・疑問にも、「感情失禁」することなく悠然と答えられるのでなければならない。首長の言葉には重みがある。それは、時に地域の将来がかかる命運を決する言葉にもなりうる。

首長・自治体の知名度

「知人システム」の有効性にもよるが、首長交渉の成否を左右する要素の一つに、首長ないしその自治体の「知名度」（ポピュラリティ）がある。その自治体が一体何県のどのあたりにあるのかさえも知られていないところの首長が国との交渉で苦労するのはよく知られている。「あそこか」「あの首長か」というように高い知名度をもち、「あの首長が会いたいというなら会わざるをえない、話しをきかざるをえない」と思わせるのは、一つには有力な紹介者の介在（知人システム）であるが、もう一つはその自治体の実績と知名度である。

この場合の知名度は、関係者の間で評判がよいということだけでなく全国から来訪者が多いことで話題性に富んでいることにもよっている。関係省庁や府県の部局からみて、「なかなかしっかりしている、おもしろいじゃないか」とプラスの評価をえているだけではなく、そのことが広く世間に知られ、視察・訪問・交流を求めていろいろな人びとがやってきて、それゆえ新聞・テレビ等でも報道され有名になっている、そういう施策なり事業なりを行っていて、しかも、それらを手がけた首長なり職員なりが「なかなかの人物」であると伝わっていることである。

世間には「論より証拠」といって「事実」の重みが交渉力に転化することが稀でない。ああいう実績があるところなら、この提案もきっとうまくいくにちがいない、と安心させうるのである。提案には少々難点があると判断されても、この自治体なら、この首長のところなら認めざるをえないと思わせてしまうのである。

外国には「成功ほど続くものはない」という諺があるが、長い間がんばって築いてきた地域づくり・まちづくりの実績が首長交渉に有利に働き、さらなる展開を可能にしていく場合がある。困難な諸条件にもめげず、精力的な地域づくりにがんばってきた自治体が首長交渉でも比較優位に立つことは十分あるのである。

交渉における熱心さ

およそ交渉では、こちらの得点が相手の譲歩（失点）となるという面がありうるが、首長交渉においては、府県や省庁の方の面子が失われ、何か損失が生じるということでは市区町村側の意向はなかなか通らないのが普通である。厳しい対立を前提に交渉するというケースもなくはないが、不必要に対立を浮き立たせるような物言いは市区町村にとって得策とはならない。

もちろん、市区町村が卑屈になる必要は少しもないが、現行制度上「弱者の立場」にある場合の市区町村が府県や省庁と交渉するのであるから、相手にとって何ら不都合にはならないことを、できればむしろ大きな得点になることを納得させうるに越したことはない。

創意工夫をして新たな施策・事業に挑戦する市区町村のほうが、皮肉なことに関連の省庁や府県の担当部課にとってはありがたい存在なのである。意欲に乏しく、言われなければ積極的に動かないような市区町村のほうが実はやっかいなのである。省庁や府県にしても、新たに施策の展開を図っていくためには、先行して、いわば実験的に取り組んでくれる進取の市町村が必要であり、そうした意思を積極的に表明する首長はむしろ大歓迎なのである。

今日では市区町村が発意した施策を府県や省庁が取り上げ、全国的な展開ができるよう法的・予算的な整備を図っていくことが時代の主流であるといえる。その意味で首長が交渉のために会見にくるのは省庁・府県にとっても間違いなく有意義なのである。

首長交渉において「取り付く島」ができ、「筋」について相手方の理解を得られるにしても、それが実現の運びになるには、もう一つ「熱心さ」が大切である。ある施策や事業に対してどのくらい真剣であるかどうかは、相手からしつこいと思われるぐらいの熱心さに現れる。

最初の交渉で渋面をされ、難色を示されたりすることは稀でない。しかし、そのくらいで引き下がるのでは熱意不足である。一押し、二押し、三に押しという押しの一手では相手の納得を引き出せるとは限らないが、知人システムを活用でき、筋にも自信があるといっても、繰り返し交渉にいく熱心さを示さず、相手方の善意や好意をあてにして、「待てば海路の日和有り」と考えるのは安心のしすぎである。むしろ「筋」の弱さを熱心さでカバーするぐらいのアプローチを筋に自信のある場合も試みる必要がある。「あんなに熱心ならなんとかしてあげよう」と感心させる首長の存在は、対外折衝における自治体の貴重な政治的資源なのである。

しかし、熱心に働きかける間に、当初の原案が修正され、形を変えることもありうる。同じことを愚直なまでに繰り返して主張し要請することも熱心さの一つであるが、大筋として自治体としての意向が通れば、現実的な、つまり実行可能な案に変形されても首長交渉として成功とみるべきである。しばしば「妥協」は交渉での敗北であるように受け取られがちであるが、権限と財源を握っている相手方から何らかの譲歩を引き出すことは、仮に自治体側の原案に修正がほどこされ、当初の思惑通りの実現ではないにしても、その意味で現実的な妥協を余儀なくされたとしても、それは決して敗北ではなく自治体としての勝利だと考えてよいのである。首長の交渉には、こうした意味での妥協を首長自らが決心しうる点に一つの特色があろう。

第9章　首長の議会対応

9 1 首長と議会

自治体の首長と議会議員は別個に直接住民の選挙で選ばれるから、代表機関が二つあり、これを二元代表制と呼んでいる。直接別個に選ばれるということは、それぞれが、住民に対して別個に直接責任をとる立場にあることを意味している。そこで、どちらが住民の代表機関としてよりふさわしい振る舞いをしているかを張り合う面が出てくる。首長は、独任制であるから一貫した政策的な主導性を発揮しやすく、多人数からなる合議制の議会は政策・行政上の争点を形成し、多様な民意の所在を明らかにしやすい。

自治体運営において、この二つの機関は、しばしば車の両輪といわれる。二つのうち、どちらを欠いても自治体運営が成り立たないほど密接な関係にあることのたとえである。この二つの代表機関は、競い合いと協力によって住民にとって最良な意思決定をしていく使命を果たしていくことになる。

しかし、密接であるが故に両者が反目しあうことも起こりうる。反目が起こるのは、むしろ二元代表制自体に起因しているともいえる。ある人を首長に選んだ民意と一定数の顔ぶれの議員を選んだ民意との間にズレが生じうるからである。対立が極まると、議会側が首長不信任を突きつけ、首長が議会解散で応ずるといったことも起こりうる。

◈強い首長職

地方自治法一四七条には「普通地方公共団体の長は、当該普通地方公共団体を統轄し、これを代表する」とあるが、この規定を援用して、住民の代表機関として首長が議会に優位しているとする見方がある。これは、首長が対外的に自治体の意思を表示するという法的代表権を意味するにとどまるものである。それも、議長の訴訟代表に関する地方自治法一〇五条の二にあるように、他の法的代表権を排他的に除外するものではない。「統轄」とあるが、行政委員会との関係における総合調整権限は別にしても、これは議会に対する総合調整の根拠規定ではない。

首長が強い存在であるのは、直接公選で一身に民意を背負っていることもあるが、首長が予算編成権・議案提出権・再議権をもち、議会における議案審議に参加するなど執行権の確保に重点が置かれる制度となっていることにもよっている。予算編成は、事務事業の企画・立案を財源的に裏付けることであるから、まさに自治体における政策の形成と執行を左右するものである。議会の予算増額修正権は、款項の新設はできないというのが旧自治省の従来の国としての解釈である。議会は、当該予算の趣旨を損なうような増額修正はできないということになっている。執行機関としては異例の権能をもっている。自治体の意思を形成し確定する上で、執行機関が主導性を発揮しやすいはずである。

◈政策展開と二元代表制

自治体における政策形成機能とは、広義には、図9―1にあるように、政策展開（政策の始めから終わりまで）における①から④までの段階を指しているといえる。議会の監視機能は、⑤と⑥にかかわ

図９―１　政策展開と二元代表制

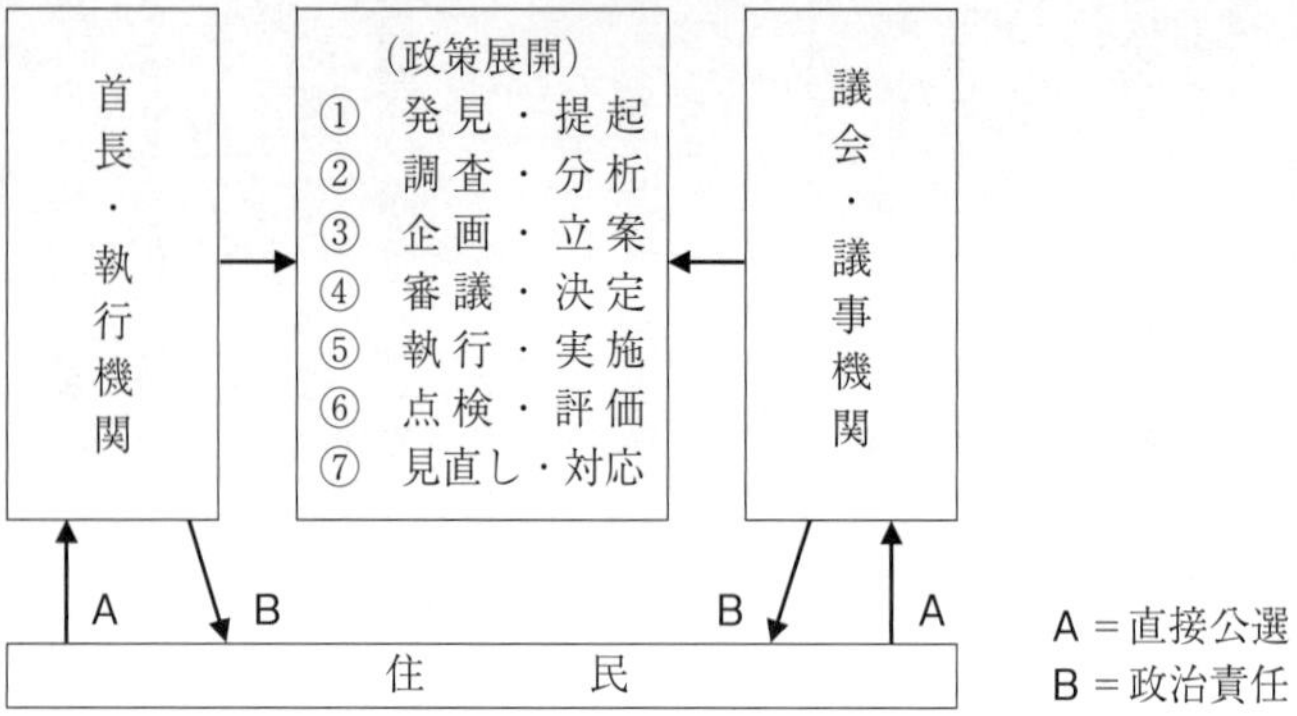

る機能であるといえる。自治体の事務事業（政策）の評価ではＰＤＣＡモデルを使っているが、政策形成機能はＰすなわちPlan（企画・立案）に当たり、ＣすなわちCheckは点検・評価であり、ＡすなわちActionは政策の修正・変更・廃止などの見直し・対応を意味している。議会の監視機能は点検・評価を対応（政策の継続・変更・終了など）につなげていく機能であるといえる。

政策立案機能は②と③であるが、この段階の独占こそ、実は、長い間の首長（執行機関）優位の重要な要因であった。議会で審議・決定する事案の企画・立案は、自治体の意思を決定する前提となるから、それを誰が主として行うかは、自治体の意思そのものの内容とその実現方法の決定を左右する。現行の地方自治法では、議会への議案提出権は首長と一定数（議員定数の一二分の一）の議員及び常任委員会（二〇〇七年四月から）にあるが、ほとんどの議案は首長提案となっている。

◆議会に対する牽制手段

首長と議会は、お互いの立場を尊重し協力し合って自治体の円滑な運営を図ることになっている。しかし、ときに両者間の立場が対立する場合も出てくる。そうした場合の解決を図るため、相手に対する牽制手段が定められている。首長が議会に対してもつ牽制手段には次のようなものがある。

〈拒否権〉

① 一般的な拒否権：首長が議会に提案した条例案や予算案に関する議会の議決に対して異議がある場合は、もう一度審議するよう理由を付して議会に差し戻すこと（再議に付すること）ができる。

② 特別な拒否権：(ア)首長は、議会の議決または選挙が権限外のものであったり、法令や議会規則違反のものであると認めたときは、理由を示してもう一度審議を行うよう差し戻し、あるいは再選挙を行わせることができる。(イ)議会の予算案審議の結果が収入ないし支出の執行不可能と認めたときは、理由を示して差し戻すことができる。(ウ)法令で負担が義務づけられている経費（例えば生活保護費）や、自治体がその義務として負担しなければならない経費（例えば損害賠償費用）を削ったり、減額したりする議決を議会が行った場合、首長はこれを差し戻すことができる。(エ)災害応急復旧施設費や感染病予防費などのような重要な経費を削減・減額したりする決議を議会が行った場合には、首長はこれを差し戻すことができる。

〈首長の専決処分〉

本来、議会が議決すべき案件を、首長が議会に代わってその判断で決め処理することを専決処分といい、次の二つの場合がある。(ア)議会選挙中のように議会が成立していないとき、議会を招集する時問的な余裕がないとき、議会が議決すべき案件を議決しないとき。このような場合に首長が取った措置については次に開かれた議会に報告・承認を求めなければならない。(イ)議会が首長に任せた場合（議会の権限だが軽易な事項）。この場合の措置は報告で足りる。

なお、このうち、「議会を招集する時問的な余裕がないとき」の専決処分（例えば税条例の改正）を回避し、議会審議を行える工夫として、通年議会を採用している自治体もある。

9-2 議会審議における質問への答弁

首長などの執行機関は、「議会の審議に必要な説明のため議長から出席を求められたときは、議場に出席しなければならない」（地方自治法一二一条一項）議長は、首長等に議場への出席を求めるに当たっては、「執行機関の事務に支障を及ぼすことのないよう配慮しなければならない」（同条二項）とされている。しかし、実際には、議案のほとんどを執行機関側が準備し提案するから、執行機関側が出席しないと議会の審議は成り立たない。なんといっても、議会・議員活動の中心（本務）は議案の審議・審査であるから、執行機関側とのやり取りに気合も入る。

首長が、初当選して、初議会に臨むときには、緊張もするし、準備も大変である。議会も、首長がどのような施政方針を述べ、どのような言い回しで応答するのか、お手並拝見といこう、スキやミスがあれば追いつめてみようといった構えで待ちうけている。首長の選挙はほとんどの議員をまき込むから、「野党」意識をもつ議員（会派）は、より厳しい物言いをすることが予想される。議会は、首長としての適否の一面が判定される試練の場となる。

もともと議会は、地域住民の代長者たちが施策について審議する合議制の機関であり、弁舌がものをいう世界のはずである。もちろん論戦が展開されるが、議員相互で意見をたたかわせるというよりも、概して、首長などの執行機関側に対して質問し、答えさせるという形をとっている。

質問内容は、事情の説明要求、問題点や対処策の指摘等さまざまであるが、執行機関側の認識・意向・意図・態度・決意等を訊き出すことを主眼に置いている。この限り、当の議員よりも、執行機関側のほうがずっと苦労が多い。事前に質問内容を察知して答弁内容の準備をしておく必要といい、実際に質問する議員のいわんとすることの「ツボ」をおさえて質問に立つ議員が面子を失わないように適切に答弁しなければならないことといい、答弁した内容を実施に移すための具体策を考えておかなければならないことといい、相当の神経と労力・知力と時間を費やさなければならない。

議員は、選挙でそれなりに苦労して当選してきているし、自分たちも住民の代表者であるという自負をもっているだけに、しかも、全体として審議・議決機関としての権能をもっているだけに、首長は、議員の質問に的確に対応し、その承認をえなければならず、事前・事後の議会対策を考えなければならない。

議会の審議がほとんど執行機関に対する議員の質問の形で進められることは、議場自体の風景をみても一目瞭然である。議長を中心に、そのすぐ横に議会事務局長、その前が演壇、その左右のいずれかに知事（市町村長）・副知事（副市町村長）・教育長などが陣取り、その後方に議会答弁に立つ幹部職員が並ぶ。この陣形に対面して、すべての議員が同じ方向を向いて座っている。議員席の後ろに傍聴席がある。

この議場の風景は、基本的に、国会の本会議場と同じである。国会と同じ風景でありながら、首長が直接公選であるということを考えると、執行機関側に対して議員全員が対面して座るということは、もともと、議会が全体として首長に対して野党的機能を果たすことを期待されているとみることもできよう。しかし、それならば、議長席は相対する両者を左右にみる位置に設けられてしかるべきである。もし公選の議会は執行部とは独自に審議を行うというのであれば、円形座席にして、その中に議長席も置くのが自然である。

ほとんどの自治体で、現状のように執行機関の座席と議員の座席が相対し、議長席が執行機関側にあるのは、国会モデルへの追従と二元代表制への認識の薄さとに起因しているといわざるをえないのではないか。制度上は、執行機関と議会との間に与野党関係は生じないにもかかわらず、実際には与野党意識をもち、与野党のように振る舞う議員（会派）が存在するために、執行部への質問は、あたかも国会において政府に対する与野党の質問に似てくるし、一種の党派間論争の代行のような様相を呈するのではないかと考えられる。

与党意識をもつ議員は、「追従《ついしょう》」を含め執行部に好意的な発言をし、野党竞識をもつ議員は、「揚げ足取り」を含め敵対的な追及を行ったりする。いずれにせよ、ほとんど執行機関に向って物を言うことになる。その物言いによって、あるいは採決・議決における賛否によって執行機関との党派的関係を表明するのである。そのため、議会内人事などを除いて、議員だけで議会を開き、審議を行うことなく、議会が開かれている期開中、執行部側は、その対応に迫われ、答弁のために待機していなければならないことになる。

議会の承認を必要とする案件が少なくないため、対議会工作の巧みさがときに首長の政治的なセンスや力量を評価する尺度になったりもするのである。もっとも、近年、議会改革が進み、議会側が、政策課題の抽出、課題の多角的な検討、議員間の討議、議会としての意思決定、執行機関への政策提言といった政策形成の活動に乗り出せば、従来のような質問・答弁の形は変わらざるをえなくなる。議会（議員）側が質問を受け説明しなければならないからである。

9　3　弁舌の力

議会との関係で首長の弁舌のハイライトは、なんといっても施政方針演説と一般質問への応答である。いまでは、ほとんどどこの自治体でも基本構想・基本計画（総合計画）にそって施策運営を行っているから、その方向なり枠なりを逸脱する方針を示すことは難しい。しかし、実施計画と年度予算のレベルでは、ある程度まで、首長の個性を反映させることはできる。優先順位のつけ方、投入される資金の多少、強調の仕方等、どのような施策にどのような重点を置くかに首長としての姿勢や志向が出てくる。そして、そうした政策的立場をいかなる言葉で表現するか、それが弁舌の肝腎な点の一つである。

格調が高すぎて美辞麗句を並べたてても、さりとて、ありきたりの実務用語でつづっても訴求力は乏しい。事実の裏付けのある、地域のくらしと文化に根ざした、それでいて理念やロマンをめざしている、そういう自治体のリーダーとしての言葉が望まれる。

あらかじめ草稿を準備し予行演習のできる施政方針演説と比べ、質問の通告をうけているにしても、ときにやじが飛びかい、半畳が入る議場の雰囲気のなかで、一般質問に的確に答えるには別の意味で言葉の能力を必要とする。用意された答弁案をただ読み上げるような答弁は下手な芸である。逆に不用意な言葉で要領を得ない受け答えをしていたのでは無芸となる。答えうる内容に限定があるにしても、「人をみて法を説く」の格言のように、質問に立つ議員（会派）によって、言葉の選択と強調（アクセント）に違いがでてきてしかるべきである。あじけない、ぶっきらぼうな答弁を重ねる首長は、およそ審議において言葉が生命であることに無自覚なのである。ときに、浅はかと思われる内容の質問に対しても、答弁の仕方一つによって、その浅はかさをそっと気づかせることはできるのであり、それが弁舌におけるゆとりというものである。怒号と嘲笑ではなくユーモアと情感につつまれた生き生きとした対話の世界、そこでこそ言葉の芸は磨かれる。

9　4　議案の審議

地方自治法では議会を招集する権限は首長にあるが、会期、開会、会期の延長、閉会などは議会が決める。つまり、招集は首長が行うが、いったん招集されたあとは議会が会議を自主的に運営することになっている。議会は定例会及び臨時会とするとされ、会議の進行順序は制度化されている。ただし、議会は、条例で定めるところにより、「定例会及び臨時会とせず、毎年、条例で定める日から翌年の当該日の前日までを会期とすることができる」（地方自治法一〇二条の二第一項）ことになっている。これが通年議会であるが、会議開催の日程の調整を含め首長側の対応も違ってくる。

議会は会期中、すなわち開会されてから閉会までの間に限って活動することとされている。したがって、会期中に議決されなかった案件は会期が終わると同時に廃案になり、次の会期に継続されない。この会期不継続の原則の例外は継続審査である。地方自治法は「委員会は、議会の議決により付託された特定の事件については、閉会中も、なお、これを審査することができる」（地方自治法一〇九条八項）とし、閉会中審査が行われれば首長側は対応しなければならない。

議会で審議する案件は、原則として、首長と議員から提案することができる。例えば予算案のように法律によって首長にしか提案権がないとされているものもある。議員は、議員の定数の一二分の一以上の者の賛成があれば議会の議決すべき事件につき議会に議案を提出することができる（予算については、この限りでない）。また議会に上程された議案や請願などの実質的な審査を行う常任委員会は、例えば、総務委員会、文教産業委員会、厚生委員会、建設水道委員会といったように役所の事務部門のくくりごとに設けられており、関係部局の幹部職員が対応に当たることになる。

9 5 会派への対応

◆会派の形成

各議員は初議会のときに会派届を出す。会派に関しては、現行の地方自治法、委員会条例、標準会議規則においては規定がなく、地方自治法一〇〇条一四項において政務活動（以前は政務調査）費の交付対象の一つとして規定されているだけである。この交付先として会派届を出すのである。

議会は選挙で個々に選ばれる議員で構成されているが、すべての都道府県議会や市議会で、また多くの町村議会では議会運営に会派が介在している。会派は、地域の政治行政について同じような考え方や政策をもつ議員が集まって作っている議会内の事実上の集団である。その事実上の集団が、当該議会内における表決等において原則として同一歩調をとるほか、議会運営上で統一的な行動をとる集団となっている。だから、議会活動を行う上で議員にとっては、どの会派に所属するかは重要な判断となる。

会派は、議会内でつくる非正規の議員集団であるが、実際には、会派代表者とか交渉会派といって、各会派の代表者が議会運営を協議する構成単位となっている。会派間の連絡や意見調整を行い、議会の申し合わせ事項などを相談する。その意味では会派は現に存在し、議会運営機能を果たしている。

会派の中には、特定の政党の名称を付しているものも、特定の政党ないし団体を基礎にしているものもある。会派は、微妙に政党ないし政治団体の活動と重なる面を持っている。その点で、政党活動ないし政治団体活動に最も近い議員活動は会派の活動であるということができる。

事実として会派が存在することにより、議案に対する賛否の態度をはじめとし、各議員の議会内における行動は、それぞれ所属会派の意向により拘束を受けることになる。議会の議決は多数決で行うことがルールになっており、一定数以上の議員によって構成される会派は議案提出権を有するし、多数決とは会派議席数の多寡で決めることになるため、会派で行動した方がより多く自分たちの意向を実現できるものと考えるのは自然である。また、選挙結果によっては、常任委員会委員長のポストの独占をねらって議席の三分の二の安定多数を形成するために会派形成が行われることもある。各議員は会派形成でどの役職が自分に割り当てられるかを念頭に置くことも知られている。

また、会派は首長を支持する多数派をいかに形成するかを第一の基準として形成されることもあり、その場合、首長側の意向も見え隠れする。この会派の存在が、しばしば首長との関係で与野党意識を生み出している。二元代表制の下では、国の場合の国会と内閣の関係におけるような与党対野党という対立構造はない。それにもかかわらず、実質的には、首長派、反首長派という意味で「与党会派」と「野党会派」が分かれて争うことが少なくない。

◆「与党会派」と「野党会派」

「与党会派」は、首長提出議案の原案可決を重視し、十分に審議したい事項があっても抑制して無修正で原案を可決することに腐心し、住民を代表しているのか首長の援護者となっているのかわからなくなり、一方、「野党会派」は、首長提出議案に対し過度に疑義を表明し反対したりする。この対立現象が自治体議会においても政党活動とからむと議院内閣制のような様相を呈することになる。このように、事実上、会派が存在し、議会活動の一環として会派間協議が行われることは、ときに党派が競合する政治の世界の特色であるということもできる。

しかし、会派に関して批判的な見方も根強い。合議体である議会の構成員は、選挙で選ばれた個々の議員であり、地方議会において会派は必要ないとする意見がある。公選職の議員は議会における意思決定においては、それぞれが等しく一票の権利を有するにもかかわらず、会派所属によって、議員一人ひとりが自由な言論を戦わせる場が著しく狭まってしまう。しかも、会派所属に安住して、会派の一員として以外に議会活動をできない、あるいはしようとしないような議員がでてきてしまっている。政策をめぐる会派間の意見対立は「数」による対決になることはあっても、そこから「自由な討論」による合意形成の可能性は小さくなってしまう。一人会派の議員や少数会派の議員が、議会活性化のために改革提案を出そうとしても、消極的な多数会派に相手にされないといった事態も生じることにもなる。ときに「数」の前に「理」が敗退してしまう。

また、会派の存在が、政策論争より役職ポストをめぐって、会派間、あるいは多数会派内における議員同士の争いを激しくさせている点を問題視する見方もある。その典型が議長の椅子をめぐる争いで、多数会派形成のための離合集散さえも起こる。そこで、ゴタゴタを避けるために、議長職が、制度が予定する四年任期を全うされず、二年あるいは一年ごとにたらい回しにされることにもなる。議長の議事運営といっても、議会事務局の用意したシナリオを読み上げるだけということにもなり、議長に「権威」が生まれにくい。

このように会派のあり方に問題がないではないが、実際に、これをなくすことはできない。議員たちが、住民の多様な意見を代表し、利害を調整し意見を集約する過程においてある種の集団化を図ることが必要となり、会派が議会活動において住民意思に基づく議会の意思形成に一定の合理的役割を担っている面を否定できないからである。会派が住民代表機能を果たす上で担う役割を認め、その議会内における会派活動は議員としての活動として捉える必要があり、会派の果たす役割とその責任を正規のものとして、会派の定義やその権限及び責務等を条例上明確にするなど制度化を図ることが必要になっているのではないか。これにより、現在は事実上の会議とされている会派代表者会議が、議会の正規の組織として認知されることに道を開きうる。

ただし、会派は同一政党所属の議員からなることが一般的であるが、会派と政党は区別されるべきであり、議会の活動の補助をなす活動はあくまでも会派の活動である。

◈会派への工作

議会審議における会議の運びかたとの関連で、実質的に大きな影響力をもつ議員の集団が会派である。各常任委員会にメンバーを出し、議案提出権や議案修正の発議権を確保し、多数決原理で行われる議決に無視できぬ影響力をふるうためには、会派をつくって行動したほうが有利である。会派は、地方自治法上、政務活動費の交付対象としてしか出てこないが、議会運営上、会派は制度化されており、公式の議会の進行を促進したり抑制したりする機能を果たしている。

会派は、一般的な説明では、地域の政治・行政について同じような考え方や意見を持った議員の議会内集団であるが、その離合集散には、さまざまな動機が作用しているといわれている。どこにも縁がなく「一人会派」で孤高を保っている議員も出てくるし、「大会派」を形成して議会内多数を確保し議長職を独占する議員たちもいるのである。あるいは、同じ政党の系列に属しながら、因縁によって勢力拮抗しつつ相争う二大会派もあるし、特定の政党に所属する議員のみで一つの会派を作っていることもある。

会派形成には単に議会内で有利に振る舞うための人数を集めるといった政治算術だけでなく、人脈と利権、因縁とイデオロギーというようにさまざまな要因が作用している。首長にすれば、会派がいくつできるか、過半数の多数を制する大会派があるのか、どの会派とどの会派が迎合しやすいのか、迎合した会派で過半の多数を形成できるか、それぞれの会派の公式のリーダーはだれか、また陰の実力者はだれか、自分を支持してくれる多数会派がないときはどうするのか、というように会派に対して無関心ではいられない。情報を集め、対策を考えることになる。

国会のように、ほぼ完全に政党化が進み、党議拘束によって議員の議決がきまってしまうのとは異なって、さほど政党化も見られず政党と会派が必ずしも整合的に分かれてはいない自治体の議会の場合には、各会派の個性を見抜き、会派間連合の可能性を考慮しつつ、議会対策を進めるのが現実感覚をもった首長ということになる。会派との付き合いや交渉は面倒だからやめるというのでは、対議会工作はスムーズには運べない。そして、この工作の中心は議案に対する賛成多数（過半の多数を構成しうるだけの数の議員を擁する会派ないし会派連合からの支持）の確保であることは当然である。

委員会審査を通じて理解と支持を得るだけでなく、首長は、副知事（副市町村長）や担当部課長を使って、公式・非公式の事情説明を行い、事前に明確な賛同を、少なくとも正面切って反対はしないという確かな感触を得ておかなければならない。これが各会派への根回しである。

9 6 「共演」の実態

どこの自治体でも本会議も常任委員会・特別委員会も、原則として、そして通常は公開ということになっているから、住民は審議・審査を傍聴することができる。自治体のなかには、この模様をＣＡＴＶ等で放映しているところもある。多くの人から見られているという意識は、当人にいかに見られるかということを自覚化させるから、首長などの執行部側にも質問に立つ議員側にも「演技」が生まれる。傍聴席に住民がいなくとも、ＣＡＴＶやインターネット等で放映されなくとも、つまり議員と執行部という「仲間内」でも、見る、見られる関係がある以上、お互いに演技するということは避けがたい。

首長も議員も、選挙に打って出て、ときに恥も外聞もなく集票活動を行い、自己顕示欲を丸出しにして争いを勝ちぬいてきた同士である。政治家としての「体質」や「どろくささ」を共有している。にこやかな表情のうらに警戒や不信の心をかくし、大胆・豪胆にみえる言動が細心の注意によって支えられ、人を動かすのにはアメとムチの併用が有効であることを知り、なによりも自分の面子を失い無視されることを嫌いながら、他には平然と慇懃《いんぎん》無礼で対処する。いわばお互いに御しにくい相手なのである。御しにくい相手、あなどりがたい相手をいかに御するか、これが政治家としての力量になる。しかも、これをひとまずは言葉の芸によって行わなければならない。

ほとんどの自治体では、首長（執行部）と議会との間には、一種の「共演」関係が暗黙に了解されていると思われる。共演とは、あたかも知らない者同士が真面目に真剣に議論しているように見せる演技のことである。例えば議員がすでに執行部に通告済みの質問をあたかも初めて問い質しているように述べ、これに対して首長等があたかも初めて聞いてこれに答えるかのように答える様子のことである。お互いに手の内を知っていて、実際のところは意外性もなく相互に困惑や狼狽もなく質疑が進み終わることである。議員の側がとことん追及しない代りに議員の面子が立つように答える、そういう了解の上で質疑が行われるのである。

世間では、普通、これを八百長（前もって打ち合せておいて、うわべだけで議論すること）というが、日程の限られた会期中に、また現実（財政や法的権限等）の諸制約の下では、実質、八百長である質疑が議会審議の大半となりやすい。着地点ないし妥協点もわからずに論議を展開することは執行部と議会双方にとって不安であり議会運営の見通しを立てにくいからである。

首長側がどんな議案を上程するかわからず、議員側がなにを問い質すか不明のまま論戦に入れば、年中会議を開いていなければならなくなる可能性もある。もう少し緩和された形でも、例えば、首長側が事前に議会側に非公式に説明し内々の了解をとりつけることなく重要な案件を審議にかければ、議会側は、すべての会派が一斉に反発し、首長不信任の対決にまでつき進んでしまう。首長が議会側に挑戦するにしても、なんの実質的根回しもせずに、正論風の啖呵《たんか》を切ってみせても、それは、ほとんど議会側には「横着・横暴」にみえて議案は否決されるのが落ちである。「共演」のうちに実のある施策をいかに実現していくか、それが首長の議会対策の一つである。

しかし、事前に質問を通告し、それへの答弁が準備されているからといって、必ずしも、その質疑の内容が重要でないということにはならない。問題は、議案が地域のどのような課題にかかわり、いかに地域のニーズに応えうる内容になっているか、そして審議・審査を通して、その重要性がいかに共通認識になるかである。

第10章　首長と多選自粛条例

10 1 多選自粛条例とその運用

地方自治法は、一四〇条一項で「普通地方公共団体の長の任期は、四年とする」としており、何期まで首長を続けられるのかの期数を限定してはいない。任期ごとに誰を首長に選ぶかは選挙民の選択に委ねられている。現行の規定のままでは、自治体が条例で在任の期数を規定し施行しようとすれば違法になると解されている。

◆多選を禁止できるか

一九九七年、多選禁止の公約を掲げて当選した秋田県の寺田典城知事は、多選禁止条例制定の検討を始めたが、当時の自治省（現総務省）から、日本国憲法一四条の基本的人権の保障や同法二二条の職業選択の自由を根拠とし、被選挙権が基本的人権である以上、多選制限は憲法違反であるという見解が示され、県議会への条例案の提出を断念している。ところが、一九九九年には、自治省の「首長の多選見直し問題に関する調査研究会」（座長・大沢秀介慶應義塾大学教授）は、多選禁止は憲法上許される可能性があり、国民の間で十分な論議が必要だとする報告書をまとめた。

二〇〇七年一〇月、神奈川県で初めて「神奈川県知事の在任の期数に関する条例」が制定され、「清新で活力のある県政の確保を図るとともに、知事の職に同一の者が長期にわたり在任することにより生じるおそれのある弊害を防止するため」「知事は、引き続き三期（中略）を超えて在任することができない」と定めたが、この条例の制定は、法改正の実現を促すことに意義があるとし、条例の施行日について地方自治法や公職選挙法など関係する法改正を踏まえ「別に条例で定める日」としている。現在までのところ、この条例は施行されていない。

二〇〇七年五月、総務省の「首長の多選問題に関する調査研究会」(座長：高橋和之明治大学法科大学院教授)の報告では、多選制限は日本国憲法の規定に反するものではないが、多選制限は在任期間の制限であり、多選制限を行うためには憲法九二条の規定に基づき、その基本的な内容を法律(具体的には地方自治法)に定める必要があるとした。例えば、地方自治法において、全国一律に多選制限をし、その期間も定めるか、地方自治法において多選制限が可能であることを定めて、多選制限をするかしないか、その期間をどの程度にするかは各自治体の条例に委ねるといったことが考えられるという。

そこで、自治体の中には、多選を禁止するのではなく多選を自粛する努力規定とする条例、いわゆる多選自粛条例を定めるところが出てきた。しかし、次期の首長まで拘束せず、制定時の首長に限って「自粛に努める」としている。

連続六選知事

多選自粛条例がなければ多選首長が生まれる。二〇一四年三月一六日、任期満了に伴う石川県知事選の投開票が行われ無所属で現職の谷本正憲氏が無所属新人二氏を破り六選を果たした。当選回数六回は、現職の知事では茨城県の橋本昌知事と並んで全国最多である。谷本氏は、五期二〇年の実績を強調し、二〇一五年春の北陸新幹線長野―金沢間開業による経済効果を生かして県内全域を活性化すると訴えた。新人候補の一人は多選の弊害を主張して、知事公舎や退職金の廃止など県政刷新を掲げていたが、多選の弊害の批判を一蹴した形である。一九六三年から約半世紀、石川県知事は二人しか存在していない。

首長の多選自粛条例

◈東京・杉並区の場合

首長の多選自粛条例を全国で初めて制定したのは東京都杉並区議会で、二〇〇三年三月の「杉並区長の在任期間に関する条例」である。これは、山田宏氏が一九九九年四月に区長選に立候補したときに選挙公約に掲げていたものであった。この条例では、一条で「この条例は、杉並区長（以下「区長」という。）が杉並区（以下「区」という。）を統轄し、予算の調製及び執行、職員の任免その他の権限を行使する地位にあることにかんがみ、区長の在任期間について必要な事項を定めることにより、高い倫理観や資質を有する場合においても、その者が長期にわたり区長の職にあることに伴う弊害を生ずるおそれを防止し、もって区政運営の活性化及び区の自治の更なる進展を図ることを目的とする」とし、二条一項で「区長は、通算して三任期（中略）を超えて在任することのないよう努めるものとする」と規定していた。三条で「区長は、その職務が区民から負託された公務であることを自覚し、在任期間中、区の最高規範たる杉並区自治基本条例（平成一四年杉並区条例第四十七号）の定めるところにより、全力を挙げて区民等の福祉の増進を図り、区政に対する区民の信頼を確保するよう努めなければならない」としていた。

区長は、区を「統轄し、予算の調製及び執行、職員の任免その他の権限を行使する地位」にあり、「長期にわたり区長の職にあることに伴う弊害を生ずるおそれを防止」する必要があると考えられている。条文からは、長期がどうして三期なのか、それを超えるとどういう弊害を生ずるのか、はっきりはしない。山田宏区長は二〇一〇年五月まで三期を務め退いた。この条例は後任の田中良区長によって廃止された。

◈川崎市の場合

指定都市で初めて多選自粛条例を制定したのは川崎市であった。川崎市議会は、二〇〇三年に阿部孝夫市長が提案した市長の多選自粛条例案を全会一致で可決した。「川崎市長の在任の期数に関する条例」（二〇〇三年七月四日）である。その一条は「この条例は、民主的で能率的な行政の確保及び行政に対する市民の信頼の確保が基本となる地方公共団体において、幅広い事務に関する権限が集中する長の地位に一人の者が長期にわたり就くことにより生じるおそれのある弊害を防止するため、市長の在任の期数について定め、もって清新で活力に満ちた市政運営を確保し、その硬直化を防ぐことを目的とする」とし、二条は「川崎市長の職にある者は、連続して三期（各任期における在任期間が四年に満たない場合もこれを一期とする。）を超えて在任しないよう努めるものとする」となっている。ここでは、「幅広い事務に関する権限が集中する長の地位に一人の者が長期にわたり就くことにより生じるおそれのある弊害を防止する」ことが目的とされている。

阿部市長は二〇〇一年の市長選で「市長任期は三期一二年」と公約に掲げ初当選していた。この自粛条例は、阿部市長が連続三選した場合には任期満了となる二〇一三年に失効する。阿部市長は、「（多選の弊害は）多少はある。市民の中に親しい人とそうでない人がでてくる。長くやっているとお仲間ができてしまう」と市長としての一二年間の実感を吐露した上で、「一定の期間で区切るのは大事」と強調した。阿部市長の持論は「一〇年ぐらいが一つの区切り。一期目は前市長の後始末。一〇年ぐらいでカラーが出せる」であったが、多選自粛条例に関しては「制定当時は多選禁止、自粛の流れがあり、それなりに意義があった。いまはいろんな意見があってコメントのしようがない」と言葉を濁していた（『神奈川新聞』二〇一三年四月一六日付）。結局、二〇一三年九月一一日の川崎市議会定例会で、自身が定めた多選自粛条例に基づき、一〇月の川崎市長選挙には出馬しない意向を表明した。市長は自粛に努めることを守って退いた。

◈東京・中野区の場合

首長自身が提案して定めた多選自粛条例をその首長が廃止した自治体もある。東京の中野区である。事の発端は、二〇一四年六月の中野区長選に四選出馬を表明した田中大輔区長が、三月一〇日に、区長の任期を三期以内で自粛すると定めた中野区自治基本条例の多選自粛規定の削除を目指す方針を明らかにしたことであった。中野区自治基本条例は、「第七条　区長は、区民の信託にこたえ、区の代表者として、公正かつ誠実な行政運営を行わなければならない。二項　活力ある区政運営を実現するため、区長の職にある者は、連続して三期（各任期における在任期間が四年に満たない場合もこれを一期とする。）を超えて在任しないよう努めるものとする。三項　前項の規定は、立候補の自由を妨げるものと解釈してはならない」と規定している。区長の提案内容は、この七条を削るというもので、理由は「区長の在任期間に係る規定を削る必要がある」としているだけである。

二〇〇二年、多選禁止を訴えて当選した田中区長は、二〇〇四年、有識者や区民による審議会の答申、シンポジウムや区民との意見交換会などを経て中野区自治基本条例を制定している。田中区長の要請を受けた区議会は、二〇〇五年、この自治基本条例に第七条を付け加える改正案を全会一致で決めていた。

条例修正案が付託された総務委員会では、改正案が区長選前に出されたことに対し、各委員から「区民からは誠実さと信頼を失ったとの声があるのではないか」「自治基本条例は区の根幹で、それを区長の都合で準備もなく唐突に変えようとしている」「制定時、任期の特定には慎重意見もあったのに、『三期』にこだわり条例に入れたのは田中区長自身ではないか」と批判が出たというが、結局、条例改正案は賛成多数で「可決すべきもの」となり、三月二五日の本会議で可決された。

田中区長は「区政を運営する中で、期数で切らなければ区政が停滞するという考え方は、現実に合っていないと認識した」と理由を説明し、区政に引き続き責任を持つ考えを改めて示した。さらに「現在の自分の考え方をきちんと示して判断してもらうのがけじめ」と語っている（『東京新聞』二〇一四年三月一三日付）。多選自粛規定の任期の終わりを間もなく迎えようとしている区長が、二〇一四年度当初予算案については必要最小限の骨格予算ではなく政策的な判断も含んだ本格予算を組んでいた。当然、四選出馬の意向であった。そこで、区長の任期を三期以内に自粛すると定めた自治基本条例の多選自粛規定の削除を自ら提案したのである。七条を「削る必要」とは、要するに自分で制定した条項が邪魔になったからではないかと思われても仕方がないかもしれない。あくまでも自粛するのであって、しかも七条三項は「立候補の自由を妨げるものと解釈してはならない」としているから、田中区長が四選に出馬しても違法ということにはならないというのである。

◆埼玉県の場合

上田清司氏が、衆議院議員を辞職し、埼玉県知事選挙に無所属で出馬し当選したのは二〇〇三年八月であった。その後、二選、三選を果たした。二〇一五年八月の知事選では、周囲からは四選出馬はないと思われていた。というのは、埼玉県は二〇〇四年に多選自粛条例を制定していたが、この条例を提案したのが上田知事本人だったからである。「埼玉県知事の在任期間に関する条例」（平成一六年八月三日条例第五二号）は次の通りである。「（目的）第一条　この条例は、知事が幅広い権限を有する地位にあることにかんがみ、知事の職に同一の者が長期にわたり在任することにより生ずるおそれのある弊害を防止するため、知事の在任期間について定め、もって清新で活力のある県政の確保を図ることを目的とする。（在任期間）第二条　知事の職にある者は、その職に連続して三期（各期における在任期間が四年に満たない場合も、これを一期とする。）を超えて在任しないよう努めるものとする。附則　この条例は、公布の日から施行し、同日に知事の職にある者について適用する。」

ところが、二〇一五年の知事選で、上田氏は「県内市町村の首長から要請があった」「後継者が見つからなかった」などという理由で、自ら定めた「多選自粛条例」を破る形で立候補し、当選した。四選出馬表明の前の五月、多選の弊害について「私に実害があると指摘を受けたことがない。意識的に自制し（弊害を食い止める）努力をしてきた」と語り、自ら提案した条例の「弊害」は自身には当たらないという見解を示した。

四選直後、「条例があること自体に意味がなくなった」として廃止を示唆したが、結局、その年の九月議会では廃止案を出さなかった。これに対し、自民党県議団は、四選を否定する条例がある以上、四期目以降の知事は存在しないとして、一般質問に立った八議員のうち五議員が知事に答弁を求めないという奇策に出た。発言の機会を奪うことで知事の存在感を薄める作戦である。

知事は、四選後は、民意の審判を受けたことを理由に多選自粛条例がないかのように振る舞っている。しかし、現に、この条例は埼玉県法規集に載っている。二〇一六年六月の定例県議会は、五日間にわたる一般質問の日程を終えたが、質問に立った自民党県議九人のうち知事に答弁を求めたのは三人で、自民党県議団は「極力知事には質問しない」姿勢を崩していない。

10　2　首長の出処進退―「権不十年」の見識

日本の自治体の首長は、自治体の予算、人事、公共工事の発注等、強力な権限の保有者であり、その多選をどのように考えるかは一つの論点となりうる。

一九八三年に熊本県知事に当選し、二期八年を終えようとしていた細川護熙知事は、三選も確実視されていたが、次のような三選不出馬の宣言を行って退いた。「間もなく就任後満八年を迎えますが、懸案にもめどがたち、将来に対する布石に荒ごなしながら打ち終えたこの時期に進退に区切りをつけることにしました。『花無十日紅　権不十年久』と申しますが、権力というものは、知らず知らずのうちに腐り易いもので、知事としての権力の大きさと責任の重さについては、片時も脳裏を離れたことがありません。今回退くことに関しては誰にも、妻にさえも相談しませんでしたが、権力の座に汲々としてしがみつくのは、私のもっとも好まないところです。私に期待してくださった熊本県民には申しわけありませんが、『権不十年』という私の信念をご理解いただき、私のわがままを許していただきたい」（細川護熙・岩国哲人著『鄙の論理』、一九九一年、光文社）。

細川氏は、その著『権不十年』（一九九二年、日本放送出版協会）の「花に十日の紅なし」の項で、この三選不出馬の宣言について次のように解説している。

「私は昭和五八年から熊本県知事を八年の間務めた。知事というのはたいへん大きな権限を持っている。だから、私は最初から、任期は二期八年が適当であり、仕事にめどがつけば辞めようと、ひそかに心に決めていた。

アメリカの大統領も任期は最高八年だし、アメリカの知事もほとんどそうだ。私の場合、幸いにちょうど八年で懸案の問題にも一応の区切りをつけることができた。

辞めるにあたって、『花に十日の紅なし、権は十年久しからず』と、私の心境を申し述べた。『花に十日の紅なし―』つまり、花がいつまでもきれいな赤い色のままで、咲き続けることがないように、権力というものも十年もたつと、どうしても腐ってくるものだということである。

『花に云々』は中国の秦の時代のはやり言葉などをまとめた『通俗編』の一節から引いたものである。また『権不十年』は昔の朝鮮の古い格言に『権腐十年』という言葉があるが、〝腐る〟では表現がきつすぎるので、『不』という字に置きかえたものだ。

大体、首長の職というのは、駅伝のようなものだと思う。自分ひとりで最初から最後まで全区間走ってしまったら、駅伝は成り立たない。よくまだやり残したことがあるからといって、四選も五選もやる人がいるが、それはやりすぎであろう。種をまく人、水をやる人、その花をめでる人、それぞれ役割があったほうがいい」（一六〇～一六一頁）。

「権不十年久」は、「権は十年久しからず」と読むのだろうが、それは、「権力の座から一〇年も離れていたら忘れられる」とも読めそうである。東京都知事選に出馬した細川氏は落選したが、若い世代からは「過去の人」と見られたのかもしれない。

三重県の北川正恭知事も二期八年で辞めているが、「知事時代の〇二年四月、三重県では、政策推進システムと行政経営品質向上活動を二大戦略に掲げ、エクセレント・ガバメント（卓越した自治体）をめざすことにした。九五年の最初の知事選立候補の記者会見で、『公の権力の座は二期八年が一番適当』と公約に近い形で宣言したこと、そして不十分ながらも二大戦略を導入したことで、どなたが知事に就任してもそれほど後退することはないだろうという思いから知事三選不出馬の決意が固まっていった。」（「ガバナンス」二〇〇五年一一月号）と述懐している。

同じく二期八年で鳥取県知事を辞めた片山善博氏は次のように述べている。

「私は、今の自分を考えていまして、これを一生懸命やった場合に、例えば一期で四年、仮に二期八年やって、それで全力を投球して、さらにその後、エネルギーだとかアイデアだとかが残っているだろうかと考えた場合に、全力投球したら枯渇するんじゃないかという気がするんであります。それで、世の中では、三期、四期もやられている方がおられて、よくあんなに情熱が続くなと思ったり、逆に情熱がそんなにないのかなと思ったりもするんですけれども、率直に申し上げて、一〇年も一生懸命やってできないことは、もうできないんだと思います、その人には。一〇年一生懸命やってできることは、できていると思います。ですから、多選はよくないと私は思います。

それからもう一つは、これも自分で毎日気をつけているんですけれども、やはり権力は自己目的化します。県庁というのは一つの大統領制のもとででき上がっている組織でありますから、非常に権限の強いトップ・リーダーになれるわけであります。そうしますと、そのうちそれが自己目的化して、県庁のスタッフというのはトップのために仕事をするようになる。住民のために本来仕事をする組織の成員であるべきところが、トップの方を向いてトップのために仕事をする。トップは役所をかばうようになる。こういう妙な組織のあり方になって、自己目的化して長期政権が続く、こういうことが随所に見られます。

ですから、私は、経験上、例えばアメリカの大統領が二期で切っているというのは、一つの経験則として英知だろうと思うんです。我が国の場合には、首長に多選禁止はありませんけれども、私自身が、今の立場ではなくて、例えば一人の国民、一人の住民として見た場合には、やはり多選についての何らかの制限があった方がいいんではないか、その方が我が国は伸びやかな社会になるんではないかという気がしてなりません」（第一五四回国会・憲法調査会地方自治に関する調査小委員会、二〇〇二年六月六日、参考人発言）。

鳥取県に多選自粛条例があったわけではない。宮城県の浅野史郎知事は三期で辞め、岩手県の増田寛也知事も三期で退いている。「権不十年」といっても、権力の座に着いて一〇年が経ったからといって、必ず「腐る」わけでも、特に県民に背信的なことをしたわけでもない。特定の人間が長期にわたって権力を握っていることがよくないといっているのである。新たなリーダーを迎えることが県の活性化につながると考えてのことである。長期にわたって一人の人間が「権力の座」を独占せずに、新たな人材へバトンタッチしてゆこうということである。

さまざまなしがらみと野心に囚われれば、出処進退の決心は鈍り、多選の理由はいくらでもつけられる。しかし、エネルギーやアイデアは枯渇していないか、独善的傾向と政策の偏りが生まれていないか、人事の停滞や側近偏重により職員の士気が低下していないか、議会との関係に緊張感を欠いていないか、日常の行政執行が事実上の選挙運動になっていないか、など、多選に伴う検証課題は少なくないのである。多選禁止条例の制定を可能にする法令の整備も必要であろうが、まずは「権不十年」の見識に学ぶ必要があろう。

第11章　首長の特別職人事

人事という言葉には、自然の営みに対して人に関する事柄とか、「人事を尽くして天命を待つ」というように人として成し得ること、成すべきこと、といった意味がある。人事権の行使は首長権力の根幹といえる。前章で検討した首長多選自粛の動きも人事の偏重や停滞に関係している。首長による人事が権力であるのは、特定の役職や地位に特定の人を起用・配置する構想と実際に選定する権限が制度上首長に専属し、自治体の運営上必ず行わなければならないからである。それは、世事の極みのような人為にかかわっているため、対象者からは、ありがたがられることも恨みを買うこともありうる。

自治体の首長は、知事であれ市町村長であれ、広範な人事権をもっている。事を組み、事をなし、事を動かすのは、結局「人」であるから、事の内容に応じて、どういう人を充てるかが極めて重要になる。どういう基準で具体的にだれを選ぶのか、それによって事の成否に大きな影響が出てくる。適材適所の人事こそ事の成就の決め手となる。

都道府県であれ市町村であれ、自治体の大中小にかかわらず、それぞれの首長は、選挙における民意の負託を受けて、執行機関のトップとしての役割を果たさなければならない。自治体の執行機関は「長の所轄の下に、執行機関相互の連絡を図り、すべて、一体として、行政機能を発揮するようにしなければならない」（地方自治法一三八条の三第二項）が、そのためには各執行機関の重要ポストにしかるべき人材が配置されている必要がある。首長に広範な人事権が与えられている理由もそこにある。適切な人事配置は首長の責任でもある。

しかし、首長による人事がすべて首長の意のままに行えるわけではない。首長が選任ないし任命するにしても、事前に議会のチェックがかかる人事がある。首長が議会の承認を得て行う人事のうち、まず、特別職にかかる人事について検討しよう。

11 1 特別職の議会承認人事

ナンバー・ツーの人事―副知事・副市町村長の選任

二〇〇五年の第二八次地方制度調査会答申に基づいて、二〇〇六年に地方自治法が改正され、それまで一般に都道府県では知事・副知事・出納長、市町村では市町村長・助役・収入役という自治体三役体制が終わりを告げ、新たな副知事・副市町村長の制度へ移行し、首長を支えるトップ・マネジメント体制の整備が図られた。

副知事・副市町村長の制度への移行は、単に助役を副市町村長に名前を変更しただけではなく、役割や権限の強化、明確化を図り、自治体におけるトップ・マネジメントを強化することが目的であった。首長の命を受け、首長に次ぐ立場から関係部局を指揮監督し、必要な政策判断を行うようにし、これによって、首長は、政策展開の大きなビジョンとその実現のためにリーダーシップを発揮できるようにしようというものでもあった。この改革が首長のリーダーシップ発揮にいかなる効果をもたらしていかは別途検証の必要がある。

首長は、自治体の執行機関であるが、他の執行機関をその「所轄の下に」に置き、自治体の事務を、自らの判断と責任において誠実に管理し及び執行する義務を負っている。「自らの判断と責任において」行う人事のうち、現行の法令上、首長が議会の同意を得て選任又は任命する人事がある。その一つに特別職の副知事・副市町村長及び市町村における固定資産評価員の選任がある。

地方自治法は、首長の補助機関として、「都道府県に副知事を、市町村に副市町村長を置く」としているが、ただし書きで、「条例で置かないことができる」ことにもなっている（一六一条一項）。副知事及び副市町村長を何人置くかは条例で定める。この何人置くかが時として争点化する。

副知事・副市町村長を置くならば、首長が、「議会の同意を得て」選任する。副知事及び副市町村長の選任に議会の同意が必要なのは、「副知事及び副市町村長は、普通地方公共団体の長を補佐し、普通地方公共団体の長の命を受け政策及び企画をつかさどり、その補助機関である職員の担任する事務を監督し、別に定めるところにより、普通地方公共団体の長の職務を代理する」（一六七条一項）という重要な役職であるからである。

副知事・副市町村長は、議会同意人事であり、しかも役所の内外から起用できるから、その人事は首長の「自由任用」ないし「政治任用」であるということができる。その任期は首長の任期と同じく四年であるが、任期中でも解職できる。特別職であるため地方公務員としての身分保障はない。

副知事・副市町村長は首長の補助機関とされているが、相応の権限を有し、一般職の補助機関と同一視できない重要性をもっている。首長に事故があるとき、又は長が欠けたときは、副知事又は副市町村長がその職務を代理することになっているからである。具体的には、首長が病気で入院する、逮捕される、海外訪問などで容易にその意思決定ができない状態になったときに、職務代理者として首長の代わりに自治体を代表として職務を行う。

だからこそ、その副知事及び副市町村長は、首長が議会の同意を得て選任することになっている。それは対議会対策上も重要人事となる。だれを副知事・副市町村長に選ぶかは首長自身のイメージと評判にかかわってもくる。議会側の同意をとりつけることが選任手続きの一環となっている。相手が承認権をもつ議会だけに、首長が無事に議会を通したいと考えるのは自然である。しかし、この人事案件が必ず通るとは限らない。人選と同意をめぐる駆け引きも行われるし、対立に発展することもある。

ナンバー・ツーの位置にある副知事・副市町村長は、もともと、首長の職務を代理できるだけの人物であるとみなされ、しかも、議会を含む政治事情によっては、現職の知事・市町村長の対抗馬になりうる。副知事・副市町村長の任期は四年となっているが、首長は、任期中においても、これを解職することができるから、副知事・副市町村長が自分の意見と食い違い、あるいは自分の地位を危なくすると思われる素振りを示せば、実質的に「排除」できなくはないが、そうなれば政争になる可能性があり、解職人事には慎重にならざるをえない。

議会の不同意

議会同意は首長と議会の権限関係にかかわっている。議会と長との権限関係は地方自治法で定めることとなっており、副知事・副市町村長の選任について、置くとなれば議会の同意が必要である。同意は議会の権限で、同意がなければ置けない。もちろん、あくまでも首長が「主」であり、副知事・副市町村長が「従」の立場にあるが、実際の関係は選任の経緯や人物によって相当に多様である。

副知事・副市町村長の人事について議会の同意が得られず首長が苦労することがある。副知事・副市町村長を一人置くこと自体に議会が反対することはまずない。その一人にだれを当てるかで揉めるのである。議会不同意ケースの典型は、首長選挙において議会多数会派が当選首長と争い、そのときの対立感情がもち越され、首長提案の副知事・副市町村長人事を議会側が拒否する場合である。例えば知事と議会の多数派とが対立し、「オール野党」の場合、副知事を選任できない事態が起こりうる。

仮に議会多数会派の意に沿わなくとも、民意の審判の結果として首長が選ばれ、その首長が特定の人物を自分の最高補佐役にしたいと提案しているのである。その人物によほどの問題がなければ、選挙で敗北した腹いせに、首長を困らせるような同意拒否は議会人にあるまじき行為ではないかともいえる。

この議論を突き詰めれば、もともと副知事・副市町村長を議会同意人事にしている制度自体に問題はないかということになる。場合によっては自分に代わって職務を遂行し、自治体を代表することになる人物の選任である。熟慮の上にしかるべき人物を候補にするはずである。しかも、その発案権は首長に専属している。それを「野党的意識」で拒否するような振舞いは議会人としては逸脱行為ではないか、そのような不合理な議会反応を誘発するような余地のある制度は廃止すべきではないかということになる。

これに対して、首長が、議会の同意なくして副知事・副市町村長を選任できないということは、議会が首長に対してどのような意向・思惑を持っているかには関係なく、議会が、首長の提案している人物を不適格者とみなしているのであって、不同意はその権限行使として当然ではないかといいうる。議会の同意を得られない副知事等が選任された場合、むしろ副知事等の地位を弱化させ、行政運営上円滑を欠き、無用な混乱と住民の迷惑を招来することにもなり、議会同意は現実的には妥当な制度であるということになる。

もちろん、ときには提案されている人物がその任にふさわしいかどうか疑問だということもあろうが、不同意の「真意」がその人物の不適格性にあるのではなく、提案者が選挙の時に支持しなかった首長であるからという場合は、「さらしもの」のようになる候補者は気の毒である。やや時がたって、首長との対立が緩和され、あるいは何らかの形で妥協が成り立てば、いったんは拒否された人物を同意することがあるのも、そうした「真意」を裏付けている。発案権のない議会側が特定人物の選任を内々に首長に強要しようとし、それを首長が認めなければ不同意だという場合さえある。一般の職員から見れば、この人事をめぐる首長と議会の対立は、円滑な仕事の遂行の障害になるなど迷惑と映る。

何人置くか

副知事・副市町村長を何人置くかは条例で定められることになっているため、自治体によって、その人数が異なる。二〇一二年四月一日現在の都道府県の副知事の数は以下の通りになっている。四名は東京、愛知、三名は北海道、新潟、大阪、福岡、定数三名・現数二名は埼玉、神奈川、静岡、奈良、二名は青森、宮城、秋田、福島、茨城、栃木、群馬、千葉、石川、長野、岐阜、三重、京都、兵庫、広島、熊本、大分、鹿児島、沖縄、定数二名・現数一名は、岩手、福井、滋賀、和歌山、山口、徳島、愛媛、佐賀、長崎、一名は他の九県（二〇一二年四月一日、総務省地方公務員給与実態調査結果、「特別職に属する職員の定数及び平均給料（報酬）月額」）。

人口規模が小さい県では副知事が一名である。定数二名が一九県で最も多く、定数の二名を一名で運用しているところも九県に及んである。また、定数三名が四府県、定数三名を二名で運用しているところが四県である。

首長が副知事・副市町村長を二人以上置こうとする場合、必ずしも選挙がらみの対立ではなく、組織・人事運営の考え方の対立から議会不同意になる場合もある。議会承認人事といっても選挙の洗礼すら受けていない副知事・副市町村長ではあるが、首長に次ぐ高額な給与をもらっている。首長は、例えば二名設置の提案理由として、多様化する住民ニーズに迅速かつ的確に対応するため、一人を「庁内担当」、一人を「庁外担当」としたい意向を示すことがある。この人事案件は、人事異動や欠員補充に類するものではなく人件費増額を伴う特別職体制の見直しであるから、二名でなければ解決できない、あるいは二名制なら解決できるということを説明しなければならない。庁内の組織体制や人事政策などを総合的に検討したうえで増員の必要性を説得的に説明できなければならない。

ときに、首長側が議会幹部に電話で事前通告するといったケースもあり、その姿勢は「相談」ではなく「提案すれば必ず通る」「議会は否決できない」という横柄さを感じさせることがあり、しかも、事前にマスコミに人事案を漏らすこともある。そのようなやり方は議会軽視と受け取られ、人事案は簡単には通らない。議会承認の重要性と手順とを軽視すれば議会側の反発を招くのはむしろ当然である。

身分切替えで国からくる副知事・副市町村長

知事が副知事として国の役人を身分切替えで選任し、市町村長が国や都道府県の職員を副市町村長として充てることがある。二〇一二年八月一五日現在で、いわゆる国のキャリア官僚が副知事や副市町長として都道府県や市町へ出向している状況は以下の通りである。

副知事として、総務省からは北海道、福島、千葉、福井、岐阜、愛知、滋賀、兵庫、奈良、徳島、愛媛、鹿児島へ、国交省からは茨城、埼玉、新潟、静岡、京都、長崎へ、農水省からは大分、宮崎へ、財務省からは岩手へ、厚労省からは新潟へ、経産省からは秋田へ、副市町長として、内閣府から一市、総務省から三三市・二町、財務省から二市、厚労省から二市、農水省から二市・二町、経産省から五市、国交省から四一市・一町、環境省から一市へ、それぞれ出向している（総務省調査「府省別国から地方公共団体の部長級以上の役職への出向状況」二〇一二年八月一五日）。

国の役人の副知事・副市町長起用は、一般的に地元にしがらみがないだけに首長が思い切った施策に乗り出すための「助っ人」になるからであるが、そうした職員は、二年程度で国に戻ることを前提にしているため、首長の対抗馬にはなりにくいと考えられているからでもある。もっとも中には、現地の事情から副知事や副市長から知事や市長の候補になり、首長に当選するケースもなくはない。

国の役人の出向人事は、関係府省の大臣官房との折衝をともない、府省側の人事の都合・方針もあり、人事を進めるうえで難しさが伴う。例えば、知事が副知事を二人にすることを決め、ある省と相談して出向を依頼し、当該省の人事異動が内定し、それを議会に事後承認してほしいという場合、そうした人事案件が、当該県の事情なのか関係省の都合なのかはっきりしないことが起こりうる。総務省や国交省のように、それぞれの省の定員管理はどうなっているのか疑問になるほど（身分切替えで部長級以上の役職へ出向している職員は多く、しかも出向中は省の定員には含まれない）の数の職員を自治体に出向させている場合には、自治体の議会側の反発・反対で滞れば人事異動に支障が生じる。今は、分権時代である。かつてのように府省の人事を実質的に押し付けるわけにはいかない。それだけに、形として頼まれる側の府省にとっては、国の職員の副知事・副市町村長起用に関する首長の手腕が問題になる。

◆固定資産評価員の選任◆

特別職にかかる議会承認人事でも固定資産評価員の選任に関しては揉めたという事例はほとんど聞かない。どうやら、その理由は専任の評価員を置いていないことによると考えられる。

地方税法四〇四条は「市町村長の指揮を受けて固定資産を適正に評価し、且つ、市町村長が行う価格の決定を補助するため、市町村に、固定資産評価員を設置する。二項　固定資産評価員は、固定資産の評価に関する知識及び経験を有する者のうちから、市町村長が、当該市町村の議会の同意を得て、選任する」と定めている。評価員の数は、評価の適正統一を期する上から一人となっている。市町村は、固定資産税を課される固定資産が少ない場合には、評価員を設置せず、固定資産評価員の職務を市町村長に行わせることができる。

各自治体は、税条例や固定資産評価員条例において、首長は必要ありと認めるときは、議会の同意を得て副市町村長又はその他の職員をして評価員の職務を兼ねさせることができるとか、常勤の特別職及び一般職の職員のうち首長事務部局の職員が兼務するものとするといった定めをしている。また、首長は、必要があると認める場合には、固定資産の評価に関する知識及び経験を有する者のうちから固定資産評価補助員を選任して、評価員の職務を補助させることができるとしている。補助員には一般職の職員（住民税課、資産税課、収税課及び国保年金課に勤務を命ぜられた徴税吏員）が充てられる。

市町村にとって固定資産税は、今までも、これからも最も重要な税である。固定資産税は、毎年一月一日（賦課期日）現在において、土地、家屋、償却資産を所有している者がその固定資産の価格を基に算定された税額をその固定資産の所在する市町村に納める税金である。固定資産は、総務大臣の定める「固定資産評価基準」に基づいて評価され、首長がその価格を決定し、固定資産課税台帳に登録し、この価格（評価額）が税額算出の基礎となる。

評価員を他の財務に関する事務に従事する職員（例えば税務課長）が兼ねることができるということは、ほとんどの自治体で特別職として専任の評価員を置いていないことを伺わせる。評価員の人事は首長の補助機関としての職員の人事異動の一環として行われれば、その承認人事が議会審議で問題にはなりにくい。あるいは、議会側は評価員の人事をさして重視していないのかもしれない。

首長は必ずしも税のプロではないから、固定資産の評価について責任を持って説明できる特別職を置き、その選任には議会の同意を条件にしている、それが地方税法に資産評価員制度が設けられている理由のはずである。運用実態からは、この制度が形骸化しているように見える。再考の必要はないであろうか。

11-2　首長特別秘書の人事

地方公務員法三条は、地方公務員の職を一般職と特別職とに分け、特別職の一つとして「地方公共団体の長、議会の議長その他地方公共団体の機関の長の秘書の職で条例で指定するもの」（三項四号）

を規定している。ここでいう「機関の長」は主として、首長と議長であるが、条例で指定する必要があるため、その条例を制定するかどうかが問題になるし、条例を制定しているからといって実際に必ず特別秘書が置かれるわけではない。以下、首長の人事権と首長の特別秘書の設置をめぐる問題を考えたい。

最近の特別秘書設置条例の制定―横浜市の場合

最近、新たに特別秘書設置条例を制定した横浜市のケースは全国の状況を知るうえでも参考になる。横浜市の「特別職の秘書の職の指定等に関する条例の制定」に関して横浜市総務局が作成した「市第一三四号議案　政策・総務・財政委員会配付資料（平成二六年二月一八日）」によれば、次のようになっている。

趣旨は、「市長が、公務・政務を問わず、様々な機会やネットワークを効果的に活用することで、重要施策の実現や円滑な市政運営を確保するため、地方公務員法に規定されている特別秘書を設置できるよう、新たに条例を定めます」とし、設置根拠は、「特別秘書は、地方公務員法第三条第三項第四号の規定に基づき条例で指定する職で、条例の定めにより市長との特別な信頼関係に基づき任用され、市長を補佐する常勤特別職の秘書です。特別職のため、地方公務員法の適用は受けず、政治的行為の制限が少ないことが特徴です」とし、条例案の内容は「指定する職：市長の秘書の職、定数：一人（常勤）、任期：一年（再任（更新）可能）、報酬：一般職の市長秘書との均衡を考慮し、本市の課長補佐相当」とし、特別秘書の業務内容は、「特別秘書は、市長の『公務と政務の両面を有する業務』を中心とした秘書業務を行います。具体的には、市政推進のために行う、・政治的行事や会議に関する日程調整や随行　・政党や政治団体などからの情報収集　などの秘書業務を想定しています」とし、特別秘書の設置理由は、「一般職の市長秘書は、地方公務員法により政治的中立性が求められるため、市長が『公務と政務の両面を有する業務』を行う場合、一定の配慮を行う必要があることから、こうした業務を含め、市長の業務を、より効率的かつ円滑に行うため、特別秘書を設置する条例を定めます」となっている。

林文子横浜市長は、二〇一四年三月二八日、特別秘書に多摩大学非常勤講師の八代比呂美氏を充てる人事を発表した。八代氏は東京ガス西山経営研究所主任研究員などを歴任し、現在はメンターバンク東京取締役も務め、税理士と司法書士の資格を持つ。任期は四月一日から来年三月三一日までの一年間で再任可能である。政治的な折衝や調整を行う機会が増えている林市長を政務の側面から支えるとされている。

◆全国の状況

前記配付資料によれば、政令市（当時）における条例制定状況は表11—1の通りである。

大阪市では、「特別職の秘書の職の指定等に関する条例案」が二〇一二年一月三一日の本会議に提案され、「維新の会」所属議員から委員会付託を省略して原案通り可決されたいという動議が出され、

表11―1　政令市における条例制定状況

政令市名	条例（施行）	定数	在籍人数	条例上の給料月額
仙台市	昭和26年3月5日	市長：3人	0人	640,000円以内で市長が定める
さいたま市	平成17年12月21日	定めなし	0人	480,000円
大阪市	平成24年2月1日	市長：2人	0人＊	405,200円
岡山市	平成18年4月1日	市長：2人 議長：2人	0人 0人	一般職員の例による 一般職員の例による

＊大阪市は、先日まで特別秘書が1人在籍していました。
出典　横浜市総務局配付資料「参考1」

起立多数で可決された。橋下徹大阪市長は後援会の幹部の息子・奥下剛光氏を二〇一二年二月一日に特別秘書に採用した。奥下氏は、同年の衆院選、一三年の参院選と堺市長選で橋下市長らと政治・選挙活動を行うため、繰り返し休職届を出し三カ月二日分は休職扱いになっていた。これは「政務」の過剰という印象を与える。この人事をめぐり情報公開請求や監査請求が出されたりもした。結局、奥下氏は、二〇一四年二月一五日付で退職した。

岡山市の「特別職の秘書の職の指定等に関する条例」はユニークである。趣旨が「弁護士資格保有者を職員として任用するため」とされ、職務は、「秘書は、市長又は議長の諮問に基づいて法律上の助言を行うほか、関係職員と連携し、又は関係職員を指揮命令して、条例その他の例規の立案に関する事務、法令の解釈及び適用に関する相談事務、訴訟その他の訟務に関する事務、協定締結その他の交渉に関する事務その他法務に関する事務を行うものとする」としている。自治体の政策法務の重要性が高まっている今日、法務の専門家を特別職の秘書として配置することにより市民サービス向上を目指した政策法務を推進するためであると

表11―2　主な都道府県における条例制定状況

都道府県名	条例（施行）	定数	在籍人数	条例上の給料月額
東京都	昭和26年2月22日	知事：2人 議長：2人	0人 0人	一般職職員の例による
神奈川県	平成20年4月1日	知事：1人	1人	720,000円以内で知事が定める
愛知県	昭和26年5月31日	知事：1人 議長：1人	1人 0人	一般職職員の例による
大阪府	平成16年3月30日	知事：2人	0人	一般職職員の例による

※全国47都道府県のうち、24都道府県で条例を制定し、7県で、知事の特別秘書が在籍しています。

出典　横浜市総務局配付資料「参考2」

しているのは興味深い。

表11―2では東京都の在籍人数は〇人になっているが、二〇一四年二月一七日、舛添要一東京都知事は、政治的な活動を補佐する特別秘書として、福嶋輝彦氏を一八日付で任命すると発表した。福嶋氏は、舛添氏が厚生労働相を務めた二〇〇七年八月に政務秘書官に就任、参院議員時代は公設秘書を務めた。また、二〇一四年四月一日、知事の政治的な活動を補佐する特別秘書として、横田賢一氏が任命された。横田氏は舛添知事が参院議員時代に公設秘書を務めた。ちなみに、都知事が任命権を持つ知事部局の職員は二万四、一九二人で、これらの職員を政策実現の「手足」に使えるほか、都ではブレーン（頭脳）となる副知事は四人まで置けるのである。

付帯決議がついた名古屋市の場合

前掲の表11―1は二月一八日付であるため名古屋市が載っていない。名古屋市議会の総務環境委員会は、二〇一四年三月一八日、過去三回にわたり否決されていた河村たかし市長の特別秘書設置に関する条例案を自民、民主などの賛成多数で可決した。それまでは選挙や政治活動などの業務も含まれる秘書を公務員（課長級、年間給与約一、三〇〇万円）として雇用することを認める条例には慎重論が相次ぎ、本会議で否決されていた。

「特別職の秘書の職の指定等に関する条例」は、地方公務員法三条三項四号の規定に基づき、「特別職の秘書の職の指定に関し必要な事項を定めるとともに、当該秘書の職にある者の定数並びに給与及び旅費に関し必要な事項を定めることを目的と」し、指定する秘書の職は市長の秘書の職とし、その定数は一人、任期は一年とするが、再任されることができるとしている。秘書の給料月額は、職員の給与に関する条例の号給の例に準じて市長の定める額とし、二〇一四年四月一日から施行するとなっている。

議会側は次のような「強い要望・意見（附帯決議）」を付けた。「特別職の秘書は、本市に資する公務しか従事させせないとの市長の本会議における答弁を厳守するとともに、名古屋市職員の倫理の保持に関する条例の趣旨を遵守すること。また、その職務に関して、市民や議会に対して十分な説明責任を果たすこと」。「本市に資する公務しか従事させない」というのは特別秘書のあり方としては相当にきつい縛りである。

河村たかし市長は四月一日、市長特別秘書として北角嘉幸氏に辞令を交付した。北角氏は広島市出身で、河村市長が衆院議員時代に政策担当秘書を務め、自ら衆院選に立候補したこともある。河村市長からは「名古屋は曲がり角にある。おみゃあさんどうか」と打診があったという。市長には特別秘書として意中の人がいたわけである。北角氏は記者団に「仕事ぶりを見てもらい、特別秘書を設置して良かったと言ってもらえるよう全力を尽くしたい」と語っている。

特別秘書の性格について、河村市長は二〇一四年二月三日市長定例記者会見で「政務秘書というと、分かりにくいんですよ。法律上は、特別秘書じゃなかったですか。確か。法律上、そうでしょう。政務秘書と簡単に言いますけれど、これは特別秘書と考えた方がいいですよ。政務秘書と言うと、何か国会議員の秘書と同じようなことで、自分の後援会活動をやったり、いわゆる政務をやるという感じがしますけれど、僕が今言っとるのは、いわゆる特別秘書で、公務しかやりませんので」と述べている。

特別秘書については、公務と政務を区分けし、政務の秘書として活動してもらうために必要だという考え方もあるが、ここでは、公務、つまり市政に関わる仕事しかさせないとしている。河村市長肝煎りの施策について議会との調整役などが期待されているのだろう。

特別秘書の公募―愛知県の場合

首長が特別秘書を設ける場合に、具体的に意中の人がいるとは限らない。特別秘書を公募することもある。二〇一一年二月に愛知県知事に就任した大村秀章氏は、二〇一二年三月二七日、知事特別秘書の任用選考を行う旨を発表した。特別秘書は政策を中心に働いてもらうことで公募することにし、主な職務内容は、「私が政策判断を行う際に必要な情報の収集、分析、助言を行うこと。また、中央省庁とか各政党、経済界の方々と政策関係について意見交換する際の連絡調整などを行っていただくということでございます」とし、受験資格は、「愛知の発展のために熱意のある人、そして政策面に精通し、行動力、調整力を有している方。年齢、学歴、行政経験などは問いません」とし、選考方法は、「これからの『愛知の進むべき道』といった論文を書いていただいて、その書類審査、それから第二次選考で面接といったことで、最終的に私が最終面接を行い選考することといたしております」としていた。

二〇一二年六月一二日、その最終選考結果が公表された。「荒川潤（五二歳）、東京都杉並区在住、三菱ＵＦＪリサーチ＆コンサルティング株式会社政策研究事業本部パブリック・マネジメント推進室長兼主任研究員。任期は二〇一二年八月上旬から二〇一五年二月一四日まで」であった。

◈県議会でのやり取り

愛知県の「特別職の指定に関する条例」は、「左に掲げる職の専任の秘書一人の職を、特別職として指定する。一　知事の職　二　議会の議長の職」となっている。

知事に特別秘書は必要かどうかをめぐって、二〇一一年六月の愛知県議会定例会で審議が行われたが、小山たすく議員が七月四日に本会議において、「今議会に突如として特別秘書の議案が知事から提出されましたが、驚いたことに、知事給与の削減とあわせての提案であります。（中略）知事は、昭和二十六年から設置条例がありながら、給与条例がなかったのでつけ加えるものだと提案理由を述べていますが」と前置きしたうえで、次のような指摘を行っている。

他県や政令指定都市等で任用されている特別秘書の職務内容を調べたところ、特別秘書が担う仕事は、知事の後援会との連絡調整や日程調整、政党、国会議員主催行事への代理出席、政治的諸団体との連絡調整や政治的活動補助などが概ね共通した仕事であるが、この仕事のほとんどが公務と政務にまたがり、私設秘書の活動に近いところではあるが、法律上、一般職秘書が行うことも可能と考えられている。特別職秘書でなければ行えない仕事は何かといえば、選挙活動や政治資金集め、政治的目的を持つ署名活動の企画・主宰や政治団体への勧誘などである。知事が仮に他県と同じような職務内容を考えているのであれば、県職員での対応が可能であるし、特別職秘書でしか行えない職務を主に想定しているとすれば、これは私設秘書の範疇となり、公費での設置は認められないことになる。そして「単刀直入に、私は、特別職の秘書は知事の身内から登用するのではないかとの懸念を持っております。東京都と千葉県の例では、議員時代の秘書を特別秘書として採用し、また、大阪では、知事が弁護士時代の法律事務所職員を特別秘書として任命し、ことし四月の大阪市議会議員選挙に橋本知事率いる大阪維新の会から立候補し、現在議員として活動しております。こうしたことから、知事も衆議院時代の秘書や身内の人間を特別秘書にするのではないかと懸念しておりますが、そうした考えはあるのか考えを伺います」と質問している。

◆事務当局及び知事の答弁

これに対して、まず、総務部人事担当局長が次のような答弁をしている。特別職の秘書の職務については、「特別職の秘書を任用した場合には、知事の政治的な活動に係る日程の調整や、知事の人的なネットワークを生かした情報収集などの役割が主となるものと想定しております。スピーディーに国会議員や政党各派、経済関係者等と意見交換、交渉を行い、方向性の確認をするといった活動は、これからの本県の施策展開にとりわけ必要なことだと考えております。このような職務は、知事の人的なつながりを熟知した者でなければ対応が難しい場合が多く、さらに、秘書課の職員を初めとした一般職の職員は、政治的中立性が求められますので、その面から十分なサポートができない場合があり、こうした場面では特別職の秘書が対応することを想定しております。また、議員は、他県の例を調べられ、その仕事のほとんどが政務と公務にまたがるものであると指摘されていますが、まさにこの政務と公務の橋渡しの役割を担うのが特別職の秘書であり、これまでの体制の中では十分にサポートできなかった点であると考えております」とし、特別職の秘書の選任については「特別職の秘書は、制度上、知事の特別の信任に基づいて任用することができるとされているところであります。特別職の秘書が任用される場合には、その役割や職務にふさわしい者が選任されるものと考えております」

とし、特別職の秘書の給与条例の整備については「本県では、既に条例で特別職の秘書を置くことができることになっておりますが、給与に関する条例が未整備であることから、今回提案させていただいたものでございます。知事の給料の抑制と、特別職の秘書に係る費用を一対一の関係で論ずるのではなく、特別職の秘書の給与につきましては、特別職、一般職も含めた人件費全体で議論すべきものであり、知事の給与抑制と直接関係するものとは考えておりません」としている。

大村知事からは、特別職の秘書の必要性に関して「代表質問においてお答えをさせていただいたとおりでございますが、今般の政治状況におきまして、何事におきましても政治主導で決まっていくということが多くなっているのは御案内のとおりでございまして、私自身も、これまでの政治活動の延長の中で、国会議員や政党各派との連絡調整が必要となる場面が多くある状況がございます。また、日本一の産業県と言われる愛知県のような大きな県の運営をしていくに当たっては、これから将来にわたっても、こうした活動が必要になってくる場面も多いかと思われます。そこで、本県は、設置条例はあるものの、給与に関する条例が未整備であることから、今回提案をさせていただいているところでございます」という答弁がなされている（本会議議事録参照）。

◆幹部職員の心持ち

知事の特別秘書の公募は、「特別職の秘書は知事の身内から登用するのではないかとの懸念」に応える措置であったといえるし、設置条例の発動は給与条例の整備が必要であり、そうするかどうかは、その時々の情勢と知事の意向によっていることが分かる。

特別秘書は、任命権者である首長との人的関係や政治的背景に基づいて任用される職と解されている。特別職であるため地方公務員法は適用外とされ、職務専念義務が課されず、勤務時間や休暇等の定めもないため、業務日誌の作成や業務状況の報告等も義務付けられてはいない。その活動の対価として給与が支払われているから自治体の業務（公務）を行っていなければならないはずであるが、政務との線引きは簡単ではない。

自治体の一般職の幹部からすれば、外部から政治任用の特別秘書が入って来ることはそう歓迎すべきことではないかもしれない。政治家としての首長と行政機関の長としての首長の間をつなぐ特別秘書の存在が自治体の職務を円滑に遂行していく上でプラスに働くかどうかは特定の人物を選ぶ首長の見識によっているといえよう。特別秘書設置条例があっても、実際に特別秘書を任用するか否かは知事自身の判断に委ねられているからである。

11 3 都道府県公安委員会と公安委員の人事

行政委員会委員の人事

地方自治法は、首長の外に、執行機関として「法律の定めるところにより、委員会又は委員を置く」と規定している（一三八条の四第一項）。行政委員会は、独任制の監査委員以外は、数人の委員から成る合議制の機関であり、委員の構成について一定の配慮が行われるとともに、その身分が保障され、権限行使について首長からの独立性を有し、自らの判断と責任において事務を執行している。その意味で自治体の執行機関は多元化している。

ただし、自治体の執行機関の組織は、それぞれ明確な範囲の所掌事務と権限を有する執行機関によって系統的に構成しなければならず、そのために、自治体の執行機関は、「長の所轄」の下に、執行機関相互の連絡を図り、すべて、一体として、行政機能を発揮するようにしなければならないことになっている。また、首長は、「執行機関相互の間にその権限につき疑義が生じたときは、これを調整するように努めなければならない」（地方自治法一三八条の三第三項）とされている。

具体的には次のような仕組みになっている。①予算の調製・執行等、議会の議決案件の議案の提出については、委員会は原則として権限を有しないこと。②委員会事務局の組織、職員定数、職員の身分取扱いについては首長が勧告権を有するとともに、委員会が事務局の局部課の新設等についての規則を制定・変更する場合には、あらかじめ首長に協議しなければならないこと。③委員会の予算執行、公有財産の扱いに関して首長が調査権等を有すること。④首長と委員会は、それぞれの事務について、他の執行機関への委任、又は補助執行、職員の兼職等が可能であること。

委員会又は委員のうち、都道府県と市町村に共通して置かれているのは教育委員会、選挙管理委員会、人事委員会・公平委員会、監査委員であり、都道府県に置かれるものは公安委員会、労働委員会、収用委員会、海区漁業調整委員会、内水面漁場管理員会であり、市町村に置かれるものは農業委員会と固定資産評価審査委員会である。これらの多くは、その委員を首長が議会の同意を得て任命ないし選任している。しかし、首長に任免権があっても、その人事権の行使には実質的な違いがある。以下、公安委員会について検討したい。

地方分権改革と規則による権利義務規制

二〇〇〇年四月、いわゆる地方分権一括法の施行に伴い、改正地方自治法一四条二項によって、「普通地方公共団体は、義務を課し、又は権利を制限するには、法令に特別の定めがある場合を除くほか、条例によらなければならない」となった。これは、機関委任事務制度の廃止に伴い、個別の法令により権利義務規制（義務を課し又は権利を制限すること）を自治体の執行機関が定める規則に委任している実態を改革するものであった。しかし、地方自治法改正以後も、機関委任事務であったことを理由として条例に委任せず、規則や執行機関に委任しているものが残っていた。

そこで、地方分権推進委員会は、政府に対し、各個別法において地方公共団体の規則等に委任している事例について見直しを行う必要があるのではないかという問題提起をし、当時の内閣内政審議室が中心となって地方分権推進連絡会議の場等を通じ関係省庁の合意を取りまとめ、委員会に報告した。

その中で、「都道府県公安委員会の規則等への委任については、公安委員会制度のあり方にも関わることから、別途検討するものとする」となっていた。これは、警察庁と調整をした結果であった。「個別の法令により権利義務規制を行うための基本的な規範の定立を地方公共団体の法規に委任する場合には、規則等ではなく条例に委任することを原則とするとの考え方を十分に尊重すべきである」というのが地方分権推進委員会の考え方であった。都道府県公安員会の規則制定は、いわばその例外であった（『地方分権推進委員会意見―分権型社会の創造―』二〇〇〇年八月八日）。

この点に関しては、地方分権推進委員会において、警察庁からヒアリングが行われた。警察庁から、概要、次のような説明がなされた。

○公安委員会は、警察の政治的中立性と民主的運営との両方を確保するために置かれており、その独立性を確保するため、公安委員会の所掌事務については、公安委員会の判断と責任で処理しなければならない。

○条例への委任については、条例案の議会への提出が警察行政について直接の責任を有しない長が行うものであることとの関係で問題がある。

○公安委員会の規則制定権について規定する警察法一二条及び三八条五項は、公安委員会が法令等の委任を受けていわゆる法規命令を制定することができることを規定するところに主な意義がある。原則として都道府県公安委員会規則の形式で法規命令を制定することができないこととすることは、これらの規定の趣旨を損なう。

○国民の権利義務に関係のない事項に関するいわゆる行政規則の制定は、法令の特別の委任がなくても当然に可能である。

○現行法令においても、こういった事情を反映し、次のような国民の権利自由の制限に関する事項を公安委員会規則に委任している。

① 自動車以外の車両による牽引の制限（道路交通法六〇条）

② 車両等の運転者の遵守事項（同法七一条六号）

③ 道路における禁止行為（同法七六条四項七号）

④ 護身用具の携帯の禁止・制限（警備業法一七条）等

この説明をめぐって次のような意見交換が行われた（〇＝委員会側、↓＝警察庁側）。

〇地方自治法一四条二項では、「普通地方公共団体は、義務を課し、又は権利を制限するには、法令に特別の定めがある場合を除くほか、条例によらなければならない」と規定されているが、警察法三八条第五項では、「都道府県公安委員会は、その権限に属する事務に関し、法令又は条例の特別の委任に基いて、都道府県公安委員会規則を制定することができる」と規定されており、この地方自治法と警察法との関係についてどのように考えるか。

↓警察行政の特殊性からして、基本的には国民の権利義務にわたるものであっても、法令の委任に基づいて、公安委員会規則で定めるのが適当である。

〇道路交通法等において、都道府県の公安委員会が規則を制定している部分がある。委員会としては、そのうち、国民の権利義務に関わるものについては、基本的に条例で制定すべきではないかという考えに立っているが、それがどうして条例で制定できないのか。なぜ、公安委員会規則でなければならないのか。

↓機動性という観点から公安委員会規則であることが必要である。

警察庁の考えについては、委員会として理解をしたという段階には至らなかったので、引き続き警察庁の考え方を聞いて必要な調整をしていくこととした（地方分権推進委員会第二一七回審議概要・速報版）。

結局、その後、警察庁は、「機動性の確保」を主な理由にして規則委任の考え方を見直すことはなかった。警察の権利義務規制権限に関しては条例制定という形では都道府県の知事及び議会の権限は及ばないのである。

公安委員の任免

警察は、強い執行力を有しているから独善的な運営がなされ政治的に利用されることがあってはならないとされている。公安委員会制度は、住民の良識を代表する者によって構成される合議制の機関が警察の管理を行うことによって警察の民主的運営と政治的中立性を確保することを目的として設けられているとされている。

都道府県に置かれる公安委員会は、警察法に基づき「警察を管理する」機関として、知事の「所轄」の下、各都道府県に置かれている。北海道では、さらに、四つの方面本部ごとに方面公安委員会が置かれている。事務は警視庁・道府県警察本部が行っている。

公安委員は、「議会の議員の被選挙権を有する者」（二五歳以上の日本国民で当該都道府県の住民であること）であって、「任命前五年間に警察又は検察の職務を行う職業的公務員の前歴のないもの」のうちから、議会の同意を得て知事が任命する（警察法三九条一項）。任期は三年で二回の再任が可能（最長三期・九年）である。委員長は委員の互選により任期は一年（再任可）。委員は非常勤とされている。ただし、政治的中立性の確保の観点から、委員の過半数が同一政党に属することはできないとされ、また、継続性の確保の観点から、すべての委員が同時に身分を失うことのないような措置がとられることになっている。

東京都、北海道、大阪府、京都府及び政令指定都市を含む県（宮城県・埼玉県・千葉県・神奈川県・新潟県・静岡県・愛知県・兵庫県・岡山県・広島県・福岡県・熊本県）は委員五人、それ以外の県では三人である。政令指定都市を有する道府県にあっては、委員のうち二人（特定委員）は当該政令指定都市の市長が市議会の同意を得て推薦した者について知事が任命する。特定委員は二五歳以上の日本国民で当該政令指定都市の住民であることが要件になっている。二つの政令指定都市がある場合は、それぞれの政令指定都市の市長が一人ずつ推薦し、三以上の政令指定都市がある場合は、うち二つの政令指定都市の市長が順番に一人ずつ推薦する。

知事は、公安委員について「心身の故障のため職務の執行ができないと認める場合」「委員に職務上の義務違反その他委員たるに適しない非行があると認める場合」は、都道府県議会の同意を得て罷免することができる（特定委員は当該政令指定都市市長と市議会の同意も必要）（警察法四一条二項）。また、都道府県の有権者は、その三分の一（その総数が四〇万を超える場合にあっては、その超える数に六分の一を乗じて得た数と四〇万に三分の一を乗じて得た数とを合算して得た数）以上の署名を集めて請求して都道府県議会に付議し、議員の三分の二の定足数で四分の三以上の多数で同意があればリコールをすることができる。

ところで、公安委員会は、「知事の所轄の下に」置かれ、都道府県警察を「管理」しているが、「所轄」とは「指揮命令権のない監督であって、指揮監督より更に弱いつながりを示す」ものであり、「管理」とは「事務執行の細部についての個々の指揮監督を含まないが、公安委員会の所掌事務について大綱方針を定め、その大綱方針に即して警察事務の運営を行わせるために、警察庁又は都道府県警察を監督する趣旨であり、都道府県警察における事務の処理が大綱方針に適合していないと認めるときは必要な指示を行うこと」とされている。実際の警察事務は本部長等に委任されている。

知事には警察の運営について公安委員会を指揮監督する権限はない。それゆえにこそ、知事が公安委員にどんな人物を選ぶかは重要である。しかし、実際には、議会の同意を求める公安委員の人事案の作成は各警察本部が行っているといわれる。警察を管理する立場上、公安委員には、公私ともに常に高い倫理観を保持していること、非常勤職員ではあるが非常時に備え常に警察本部と連絡が取れる状態にしておくこと、警察の措置に不満を抱く者からの嫌がらせの対象になるなど身の危険性が高いことを承知していること（委員の自宅には非常通報装置が設置）が求められるから、警察に理解がある地元の名士や各界の有力者が選ばれることが少なくない。

公安委員会は「知事の所轄の下に」置かれているが、警察に対する直接の権限が知事にないため、仮に警察に不祥事が発生しても、公安委員会を介さなければ、真相究明、処罰などを行うことができない。都道府県議会の審議において警察事項に関する質問等に答えるのは知事ではなく本部長である。実際の警察事務は本部長をトップとする警察本部が処理しているからである。

警察情報と情報公開条例

やや旧聞に属するが、一九九〇年に施行された宮城県情報公開条例では公安委員会と警察本部長は開示請求の対象になるという意味での実施機関ではなかった。一九九三年、浅野史郎知事（当時）は、実施機関として新たに公案委員会と県警本部長を加えるという条例改正案を提案した。本会議の場で、知事が提案した条例案に対し県警本部長が反対の答弁を展開し、その答弁に知事が反論をするという光景が見られた。

情報公開条例では、行政文書は開示が原則だが、例外的に非開示にできるものがある。県警本部長は、警察の文書は特殊であるから、「支障が生ずるおそれのある情報」という規定では不十分であり、「支障が生じると県警本部長が認めるにつき相当の理由がある情報」に直すべきだと主張した。「非開示」決定をめぐって訴訟になった場合、裁判官は、問題になっている文書が開示されたときに、捜査上、犯罪予防上、支障が生ずるおそれがあるかどうかを判断すればよいというのが知事側の考え方であったが、県警側は、それでは本来非開示にすべき情報が開示とされる可能性があるので、県警本部長の非開示の判断の相当性を裁判官の判定の基準にするべきである（「実施機関の第一次判断権の尊重規定」）と主張した（浅野史郎のWEBサイト『夢らいん』杜の都の空から第八五号を参照）。

紆余曲折の上、知事側と県警側の協議が行われ調整案ができあがった。公安委員会と警察本部長を情報公開の実施機関に加え、原則公開の例外として「公開することにより、犯罪の予防、鎮圧又は捜査、公訴の維持、刑の執行その他の公共の安全と秩序の維持に支障が生ずるおそれがあると実施機関が認めることにつき相当の理由がある情報」を規定した（宮城県情報公開条例八条一項四号）。この実施機関とは公安委員会又は警察本部長である。現在では、都道府県の情報公開条例では、どこでも、このような規定ぶりになっている。情報公開の実施機関に警察本部長がなっているということは、都道府県の執行機関の一つであるにもかかわらず、警察運営の実権が、知事の人事権が及ばない本部長にあることを示している。

都道府県警察に配置されている国家公務員の地方警務官

任命権と職務上の指揮監督権が、国（主務大臣）と都道府県知事に分かれて属するという変則的な制度として地方事務官制度が存在していた。社会保険関係事務や職業安定関係事務に従事する職員である。地方分権改革の一環として、この制度は廃止された。

この地方事務官制度と同じではないが、都道府県警察に配属されている地方警務官は、国家公務員でありつつ都道府県の執行機関である公安委員会の「管理」の下に置かれている。都道府県警察といわれるが、人事管理上は、国（国家公安委員会・警察庁）の独特な関与の下にある。

世間では警察官と一括りで呼ぶが、都道府県の警察官は地方警務官と地方警察職員によって構成されている。警察官の階級は、「巡査」「巡査部長」「警部補」「警部」「警視」「警視正」「警視長」「警視監」「警視総監」（警視庁の本部長）となっている。地方警務官は、警視正以上の幹部の地位に就く都道府県警察職員であるが、身分は国家公務員である。その定員は政令で定め、都道府県ごとの階級別定員は内閣府令で定め、国が給与を負担している。

地方警察職員は、地方公務員として都道府県で採用されるが、採用・配置・昇任等の人事管理は各警察本部が行っている。巡査の階級を初任として、その後は一定の経験年数を受験資格として巡査部長、警部補、警部、警視への昇任の道は開けている。地方警察職員でも選考によって警視正の階級に至ると国家公務員に身分が切り替わり（特定地方警務官と呼ばれる）、任命権者も警察本部長から国家公安委員会に代わる。

地方警察職員の定員は条例で定めることとされているが、その定員は政令の基準に従わなければならないこととされ、給与費等は、原則、全額都道府県の負担である。

二〇一三年度の警察職員の定員は総数二九万三、五八八人であり、このうち七、七二一人が警察庁の定員、二八万五、八六七人が都道府県警察の定員である。警察庁は、警察官二、〇八八人、皇宮護衛官八八六人、一般職員四、七四七人、計七、七二一人であり、都道府県警察は、地方警務官六二八人、地方警察官（地方警察職員）二五万六、九二四人、小計二五万七、五五二人、一般職員二万八、三一五人、計二八万五、八六七人となっている（地方警務官は政令定員、その他の警察職員は条例定員）

地方分権推進委員会の後継機関であった地方分権改革推進会議において、二〇〇二年五月一七日、警察庁のヒアリングが行われ、「警察の事務の特殊性という説明は分かるが、一方で憲法第八章に保障されている地方自治も日本の行政の重要な原理であり、両者の関係をどう捉えているのか」という質問に対し、「地方警務官制度、政令定数等、組織の大まかな基準、国庫支弁などは、自治体警察である都道府県警察が前提となっている。これらは旧警察法の反省から、国の最低限の関与を認めなければ国民の安全を確保できないとの観点からのツールである。戦前が国家警察であったことを考えると、現行の警察法は最も早く地方分権したと考えている」と答えている（第一三回地方分権改革推進会議小委員会議事概要・速報版、二〇〇二年五月二一日）。都道府県警察の集権的な二重構造を見直す気配はない。

11 4　首長と教育長及び教育委員の任免

教育委員会制度の大幅見直し

二〇一四年六月一三日、首長権限の強化を図る「地方教育行政の組織及び運営に関する法律の一部を改正する法律案」が成立した（以下、地方教育行政の組織及び運営に関する法律を「地教行法」という）。改正の趣旨は、教育の政治的中立性、継続性・安定性を確保しつつ、地方教育行政における責任の明確化、迅速な危機管理体制の構築、首長との連携の強化を図るとともに地方に対する国の関与を見直すこととされた。「教育の政治的中立性、継続性・安定性を確保」とは、教育委員会を引き続き地方自治法でいう「執行機関」とし、その職務権限は従来通りとするという意味である。

今回の見直しの直接のきっかけは、二〇一一年の大津市のいじめ自殺事件において教育委員会（以下、「教委」という）が迅速に対処できず、機能不全を露呈したことであった。教委を代表する委員長と実務を統括する教育長が併存し責任の所在があいまいな問題も浮き彫りになった。二〇一四年五月一四日、改正地教行法を審議する衆院文部科学委員会の参考人質疑に出席した越直美大津市長は、「教育委員会制度は権限と責任がばらばらになっている」「教育委員会を外部がチェックできないことが問題だ。首長に指導、監督の権限を与えることが必要だ」と述べ、首長を教育行政の執行機関にして市民の意見を反映できるようにすべきだと主張した。しかし、そこまでの改正とはならず、教育行政の執行機関は教委のままとなった。国は、中央教育審議会の答申を受けて首長と教委との関係を軸に制度改正に踏み切った。

◆首長による教育長の任命

大きな変更は、教育委員長と教育長を一本化した新たな責任者（法文上は教育長）を置き、首長にその任免権を持たせたことである。教委の委員は、「当該地方公共団体の長の被選挙権を有する者で、人格が高潔で、教育、学術及び文化（以下単に「教育」という。）に関し識見を有するもの」の中から、首長が、議会の同意を得て任命していた。委員の定数の二分の一以上の者が同一の政党に所属することがあってはならないし、「委員の年齢、性別、職業等に著しい偏りが生じないように配慮する」こととなっていた（以上、地教行法四条）。教委は、委員（教育長に任命された委員を除く）のうちから、委員長を選挙しなければならないし、委員長の任期は一年とし（再選可能）、委員長が、教委の会議を主宰し、教育委員会を代表していた。教委に置かれる教育長は、教育長を除く委員の中から教育委員会が任命していた。

この委員長を廃止し、教育長の任命権者を首長に替えた。それに伴い、教委の委員定数も変更された。これまでは、教委は、「五人の委員をもつて組織する。ただし、条例で定めるところにより、都道府県若しくは市又は地方公共団体の組合のうち都道府県若しくは市が加入するものの教育委員会にあつては六人以上の委員、町村又は地方公共団体の組合のうち町村のみが加入するものの教育委員会にあつては三人以上の委員をもつて組織することができる」とされていたが、この第三条中の「五人」を「教育長及び四人」に改め、同条ただし書中の「六人」を「教育長及び五人」に、「三人」を「教育長及び二人」に改められた。首長が、議会の同意を求めて提案する人数は変わらないが、教育長の人事提案を直接行うことになる（改正地教行法三条）。

教育長は、「当該地方公共団体の長の被選挙権を有する者で、人格が高潔で、教育行政に関し識見を有するもののうちから、地方公共団体の長が、議会の同意を得て、任命する」（四条）こととなった。議会同意人事であることは変わらない。委員の任期は四年で非常勤であることは変わらないが、教育長の任期は三年で常勤とされる。教委には教育長と一定数の委員が置かれることになる。教育長の任期三年は、首長が代わってもすぐに教育長をすげ替えられないようにしつつも、首長の一期四年の任期中には必ず意中の教育長を任命することができるという意味合いである。「教育委員会の会務を総理し、教育委員会を代表する」（一三条）のは教育長である。ただし、教育委員から教育長に対し会議の招集を求めることができるし、また、教育長は、委任された事務の執行状況を教委に報告することになっている。

常勤となる教育長は、「法律又は条例に特別の定めがある場合を除くほか、その勤務時間及び職務上の注意力の全てをその職責遂行のために用い、当該地方公共団体がなすべき責を有する職務にのみ従事しなければならない」（一一条五項）とされ、また、職務の遂行に当たって意を用いなければならない事項として、「大綱」に則することと「児童、生徒等の教育を受ける権利の保障」（一一条八項）に万全を期することが加えられた。

教育長は教委に置かれるのであって、首長を上司とする組織のメンバーになるわけではない。それでも教育行政に関する首長の意向は、この人事を通して伝えられる。これまで以上に権限をもち、常勤職として仕事を行う教育長の人選は従来にも増して重要になる。教育長の選任は、事実上、首長が教育長候補者を教育委員として任命し、議会に諮った上で教育委員の中で暗黙の了解のうちに互選されるのが実態である。その意味で教育長の人選には内々に首長の意向が反映しているのが普通であった。

今回の改正では、教育長は、単に教育ではなく「教育行政」に関し識見を有するものと限定されているが、一体、これまで選ばれてきた教育長とどれほど異なった人物が任命されるのであろうか。首長は、自らの政治的立場に近いといった理由だけではなく、教育行政に関する識見や執行能力を持っているかどうかを見極めて登用する必要があるが、人選がすぐに変わるだろうか。「教育行政に関し識見を有する」ものを探そうとすれば、校長経験者とか都道府県教委の幹部職員とか文科省官僚が念頭に浮かぶが、「教育行政に関し識見」の内容を検討して、それに適う人材をどのように探し、育成するのかが大きな課題となる。

◆首長による「大綱」の策定と総合教育会議の設置

もう一つの大きな変更は、首長と教委により構成される総合教育会議を設け、その会議の招集は首長が行うとしたことである。首長は、総合教育会議において教委と協議し、教育基本法一七条に規定する基本的な方針を参酌して、教育の振興に関する施策の「大綱」を策定する。会議では、大綱の策定と変更、「教育を行うための諸条件その他の地域の実情に応じた教育、学術及び文化の振興を図るため重点的に講ずべき施策」「児童、生徒等の生命又は身体に現に被害が生じ、又はまさに被害が生じるおそれがあると見込まれる場合に講ずべき措置」について協議・調整を行うこととされ、調整された事項について、首長も教委も調整の結果を尊重しなければならないとされている。

ただし、「大綱」の制定は、首長の新たな職務権限となったが、それは、首長に対し、教委の職務権限に属する「事務を管理し、又は執行する権限を与えるものと解釈してはならない」とされている。教委の職務権限としては改正地教行法二一条に一九項目が挙げられているが、その中には、「教育委員会及び（中略）学校その他の教育機関の職員の任免その他の人事に関すること」や「教科書その他の教材の扱いに関すること」（同条三号、六号）が入っている。首長は、教委が執行権を持つ教科書採択や教職員人事などに関与してはならないことになる。

首長は、新たに「大綱」を定めることとなったが、教育基本法一七条一項は「政府は、教育の振興に関する施策の総合的かつ計画的な推進を図るため、教育の振興に関する施策についての基本的な方針及び講ずべき施策その他必要な事項について、基本的な計画を定め、これを国会に報告するともに、公表しなければならない」とし、これを受けて、同条二項は「地方公共団体は、前項の計画を参酌し、その地域の実情に応じ、当該地方公共団体における教育の振興のための施策に関する基本的な計画を定めるよう努めなければならない」ことになっていた。

これまで、各自治体の教育の改革に関する重要事項を調査審議するため、教委の附属機関として、例えば「○○県教育改革推進会議」を条例で設け、メンバーは教委が学識経験者や教育関係者等を任命してきた。これからは、それに替わる「大綱」を首長が職務権限として制定するが、首長と教委で構成する総合教育会議で協議・調整することになる。教育振興基本計画の基本理念・基本方針・基本施策は「大綱」に書き込まれることになろう。首長は、「大綱」の策定と教委の所掌に係る事項に関する予算の編成と執行との関係をより適切かつ慎重に運ばなければならない。

◆注目される大阪市の場合

従来、どこでも教育振興基本計画は教委が策定してきた。教育振興基本計画も行政計画の一つであるが、他の行政計画がそうであるように、仮に関係者の参加を得て策定したとしても、計画案を議会の審議・議決の対象とはしてこなかった。この点で、二〇一二年五月二五日に市会本会議で可決され、同年五月二八日に公布・施行された大阪市教育行政基本条例は注目される。

条例の目的は、「本市の教育行政に関し基本となる事項を定めることにより、市長及び教育委員会、子ども、保護者等の市民の意向を斟酌しつつ、相互に連携協力を行うとともに、それぞれの役割と責任を果たし、（中略）教育の振興に資すること」とされ、そのために、市は「教育振興基本計画」（教育の目標とその達成のための施策）を策定するとし、この基本計画は、市長が教育委員会と協議して案を作成し、市会の議決を経て決定するとしている。ポイントは、計画策定主体を市教委ではなく「市」としていること、その案を「市長が教育委員会と協議して」作成すること、決定には市会の議決を要することである。市長と教育委員会が市民の意向をくみとりながら連携協力して役割と責任を果たすという仕組みになっている。

市は、市民に対し、本市の教育の状況に関する情報を積極的に提供するとともに、市民の意向を的確に把握し、教育行政に適切に反映するように努め、市長と教育委員会は共同して、毎年、教育振興基本計画の進捗状況について点検評価を行い、その結果を市会に報告するとともに公表し、その点検評価の結果に基づき、「教育振興基本計画の進捗状況の改善を図るために必要な措置を講ずること」としている。なお市長は、教育委員の取組みや活動状況についての点検評価の結果に基づき、教育委員の罷免を市会に提案する必要があるかどうかを判断することができるとしている。

改正地教行法でいう「大綱」策定は、首長の職務権限となってはいるが、その策定に際しては、総合教育会議において首長が教委と協議することになっているから、大阪市の取組みは、実質的、これを先取りしたものといえよう。しかも、案の作成に当たっては、学識経験者の意見を聴くとともに、パブリック・コメント手続を行うことにしており、その上で、議会の議決事項としている。総合教育会議も協議に当たっては、「関係者又は学識経験を有する者から、当該協議すべき事項に関して意見を聴くことができる」（改正地教行法一条の四第五項）としているが、議会の議決事項とする発想はない。

総合教育会議で、協議事項をめぐって首長と教委が対立することも想定されるが、児童・生徒に最善の教育を施すことを念頭において、学校現場が混乱しないように、合意形成を図る必要がある。首長の意向がより反映しやすい仕組みとなったがゆえに、首長が自らの考えを強引に押しつけることがないよう慎むべきだろう。教育委員は、従来通り、「当該地方公共団体の長の被選挙権を有する者で、人格が高潔で、教育、学術及び文化（中略）に関し識見を有するもの」のうちから、首長が議会の同意を得て任命することには変わりないが、大局的立場に立って「大綱」の策定の協議を行い、首長の関与を受けずに、その職務権限を適切に果たすことを求められる。

◈教育委員会事務局と国の関与

第一次分権改革の過程では、なぜ教育行政分野のみが、他の行政分野にない特異な国の関与が認められているかが問題となった。当時の地教行法四八条は、「地方自治法第二百四十五条第一項又は第四項の規定によるほか、文部大臣は都道府県又は市町村に対し、都道府県委員会は市町村に対し、都道府県又は市町村の教育に関する事務の適正な処理を図るため、必要な指導、助言又は援助を行うものとする」と規定していた。末尾の「ものとする」を「ことができる」と表現が緩和されたが、「教育は別」とする地教行法の存在は揺るがなかった。

この地教行法の「指導」の実際は、文科省（初等中等教育局）を頂点にして都道府県教委（教育庁）の指導部門（教育長・次長・指導部長・指導課長・（主任）指導主事の序列）から教育事務所―市町村教委の指導部門（教育長・指導主事）―学校長へと連なる行政実務系列を通じて行われている。事実、学校現場で問題が起こると、市町村教委と現場の校長・教師の責任が取りざたされ、国からの「指導」の強化が繰り返される。いじめ・自殺問題や高校の未履修問題などが浮かび上がり教委への批判が強まる中で、二〇〇七年に地教行法が改正され、「教育における国の責任の果たし方」が新たに規定された。①教委の法令違反や怠りによって、緊急に生徒等の生命・身体を保護する必要が生じ、他の措置によってはその是正を図ることが困難な場合、文科大臣は是正・改善の「指示」ができることとし、②教委の法令違反や怠りによって、生徒等の教育を受ける権利が侵害されていることが明らかである場合、文科大臣は、講ずべき措置の内容を示して、地方自治法の「是正の要求」を行うものとしている。

今回の改正で、新たに「児童、生徒等の生命又は身体に現に被害が生じ、又はまさに被害が生ずるおそれがあると見込まれ、その被害の拡大又は発生を防止するため、緊急の必要があるとき」は、当該教委に対し是正を指示することができることになった（五〇条）。機会あるごとに、「指導」と「是正」による国の関与は強化されている。

教委の実務を担う事務局の職員には、教育長を含め教員出身者が多く、不祥事などの際に、身内意識から学校に甘い対応をとりがちだと指摘もされている。教委に置かれる事務局の職員は、上司の命を受けて事務（又は技術）に従事する。教育長は教委事務局職員の上司である。その教委事務局が、実際には、新たに首長が定める「大綱」の原案作成等の準備を担当することになろう。首長が独自性を出そうとするとき、おそらく国の意向が下降してくる実務系列の中に包摂されている教委事務局の抵抗に遭う可能性がある。このタテの実務系列が「健在」であり、今回の改正によって首長の権限は確かに強まったが、問題は公選首長が教育長と教委事務局をどう動かせるかである。首長は、国の意向と公選職としての意向をどう切りわけ、自治体の独自性を確保できるだろうか。

第12章　首長と職員人事

無投票当選であれ、楽勝当選であれ、まして激戦のすえの当選ならばなおさら、当選後に晴れがましく初登庁して、首長の椅子に座ると、首長になったことの実感が湧いてくるという。初当選の記者会見で「座り心地はいかがですか」と問われれば、「身の引き締まる思いです」「責任の重さを感じます」と真顔で返答するのが常道であるが、内心は「知事になったぞ」「市長になったぞ」と、権力の座についた者がひそかな喜びを味わうはずである。しかし、その首長は、執行機関として直ぐに日常的な実務をこなし、役所・役場内で多くの職員との関係を処理していかなければならない。その大事な仕事の一つが一般職職員の人事である。以下では、まず選挙後の人事・人事課との関係・採用人事について、次に人事異動と管理職人事について検討したい。

12　1　地方公務員法と首長の人事権行使

首長は職員の任免権を有するが、首長の人事権行使には制度上の条件があり、好き勝手にはできない仕組みになっている。地方公務員法によって、「職員の任用は、この法律の定めるところにより、受験成績、人事評価その他の能力の実証に基づいて行わなければならない」（一五条）とされている。これが大前提である。そして「職員の職に欠員を生じた場合においては、任命権者は、採用、昇任、降任又は転任のいずれかの方法により、職員を任命することができる」（一七条一項）ことになっている。

地方公務員法及び地方独立行政法人法の一部を改正する法律が公布され（二〇一四年五月一四日）、任用（採用、昇任、降任、転任）の定義が明確化されるとともに、職員の任用は、職員の人事評価その他の能力の実証に基づき行うものとするとされ、職員がその職務を遂行するに当たり発揮した能力及び挙げた業績を把握した上で行われる人事評価制を任用、給与、分限その他の人事管理の基礎とすることとなった。

分限事由の一つとして「人事評価又は勤務の状況を示す事実に照らして、勤務実績がよくない場合」（地方公務員法二八条一項一号）というように明確化された。また、職務給原則を徹底するため、自治体は給与条例で「等級別基準職務表」を定め、等級別に職名ごとの職員数を公表するものとすることとなった。人事評価は「公正に」（二三条一項）「定期的に」（二三条の二第一項）行われなければならないから、首長等はその人事評価の基準及び方法を定めなければならないとされている。

こうした地方公務員法の規定は、首長による人事権の行使に対して一定の制約を課しているといえるが、その下で、公選首長は、できるだけ自分の意思を反映させながら職員の任用を行うことになる。

12 2 選挙後の人事

◈「所領安堵」

首長が行政を運営する場合、その「補助機関」である職員の掌握は極めて重要である。特に新人首長は、役所のどこにどんな職員が配置され、どの職員が「使える」人物なのか、見当をつけ、自分なりに人事を動かしたいと考えるかもしれない。しかし、そのはやる心を抑えて、「所領安堵」でスタートするのが賢明というものである。少なくとも、首長就任後、直ちに人事に手をつけるのは職員の間に不安を呼び起こす。前任の首長の「補助機関」として一所懸命に働いた職員を、首長が交代したからといって直ちに異動させるのは、選挙後の論功行賞ないし報復的人事と受け取られやすい。そうなれば職員の間に疑心暗鬼を生み、結果として、職員の掌握はうまくいかない。一呼吸置く、その気持ちのゆとりが大切である。

◆選挙がらみの人事

人事が首長の好みで左右されてはならないのはいうまでもないが、とくに選挙がらみの行賞ないし報復の意味をもつ人事は職員の間に一種の政治主義的雰囲気をつくり出し、きわめて望ましからざる結果をもたらすといってよい。人事が首長選挙での勝ち負けで変わるのを当然とするような考え方は、二重の意味で職員の意識と行動に悪影響を及ぼすと思われる。

負けた側についた職員は、選挙がらみ人事をやむをえないと考えるから、その間じっと「冬の時代」を耐えて、結果として、そうでなければ発揮しうる能力を抑えることになる。これは、いわば意欲と能力の「操業短縮」である。そして、この忍従の時期にたくわえられる屈辱の情念が次の選挙の運動に注入されることになりやすいため、さらに選挙という争いに巻き込まれることになる。関心と精力が首長選挙にふり向けられるのは職員としての能力のムダ使いである。

他方、勝ち馬、つまり現首長の側についたと思い、思われている職員は、行政担当者としての能力とは直接関係なしに人事上の処遇をうけてしかるべきだと期待するから、もしそうなれば、実は「能力の実証」以外の基準で評価をうけた、という悪評が残ることになるし、もしそうならなければ「恨み」をいだき、不満やるかたなく、すっきりした気持ちになれないことになる。いずれにせよ、ろくなことにはなりそうにないのである。

◆能力実証による任用

人事権の行使は首長権力の中心的なものの一つである。どのような権力運用についてもいえることであるが、その運用にあたる者は、それを内から規律する原則をもっていなければならない。おそらく、どのような選挙を通じて当選しても、首長の人事権行使は、「能力実証による任用」という当たり前の原則を踏み外してはならないのである。

あえていえば、選挙という争いを戦い、勝利した者としては、「敵ながらあっぱれ」という「素直さ・潔さ」をこそ人事権行使で示す度量というものである。報復人事などは、この「素直さ・潔さ」さえもちあわせない狭量ないやがらせであって、大勢の職員を引きつれる長のとる行動ではないのである。選挙戦では、よんどころない事情で、あるいは軽率さから対抗馬側についたと思われる職員を、そのことによってではなく、行政担当者としての経歴と能力とによって公平に処遇する度量と見識を示す首長こそ人事権の行使者にふさわしいのである。

職員から首長をみれば、どのような選挙を戦ってこようが、またそれまでにどのような風評の持ち主であろうが、さらに前歴がなんであろうが、ともかく民意の審判を経て首長になった人である。その人が最高の上司、それも人事権をもつ上司なのである。それまでの役場・役所の人事の実情に思いをめぐらせれば、新しい首長に対し、ある職員は期待を抱き、ある職員はおそれや不安を感じ、またある職員は「どうせ自分には関係ないな」としらけているかもしれない。

なんといっても首長は人事を決定する権限をもっている。もちろん、人事の運営には一定の枠組みというか秩序があって、すべてに首長の意向・意思が通るわけではない。しかし、上層部ないし幹部職員の異動とその顔ぶれをみると、そこには、それなりに先任者とは異なった意向なり意思なりがあらわれていることがわかることがある。職員はこの意向なり意思なりに敏感なのである。

組織の中で生きる個人にとって組織の中での自分の位置・地位について無関心ではいられない。それも、人事運営についてできるだけ客観化された基準が了解されていて、その適用の結果としての処遇ならともかく、首長独自の意向が反映するということになれば注意深くならざるをえない。自分の処遇を含む人事の意図的変更こそ首長のこわさ、おそろしさなのである。

12-3　首長と人事課

◆人事課の任務

どこの自治体にも人事（職員）課（係）がある。自治体では、新規学卒者を採用し、職員の配属場所を決め、配置転換や昇任人事を行い、その間、適宜、職員研修を行うため、その主管課が必要になる。人事課は、総務部門系統の組織単位として、しばしば「御三家」（秘書課・財政課・人事課）の一つといわれるように、内部管理の中枢に位置している（都道府県ではしばしば国のキャリア官僚の指定席化している総務部長・市町村課長・財政課長の三ポストを「御三家」ということあり）。

ある市の事務分掌規程では、人事課は二係編成で、人事給与係（①人事及び給与管理制度の調査及び計画に関すること。②職員の定数及び配置に関すること。③職員の任免、分限、職階、賞罰、服務その他勤務条件に関すること。④職員の給与その他の給与の決定、裁定及び支給に関すること。⑤職員団体に関すること。⑥その他職員人事に関すること。⑦課内の庶務に関すること）、研修厚生係（①職員の研修の企画及び実施に関すること。②その他職員の研修及び教養に関すること。③職員の福利厚生に関すること。④職員の健康管理に関すること。⑤市町村職員共済組合に関すること）となっている。この二係に「秘書室・秘書係（①渉外事務に関すること。②市長及び副市長の秘書に関すること。③儀式及び交際に関すること。④褒賞及び表彰に関すること。⑤市長会、その他関係団体に関すること。⑥部長会に関すること。⑦室内の庶務に関すること）」も組み込み「秘書人事課」としている市もある。

人事課は、首長の人事権行使を職員情報の提供を通じて補佐しているが、その人事案が首長をどの程度拘束するかによって、この組織の自律性が決まってくる。首長が新機軸を出そうとしても、人材がいなければどうしようもないし、両者が人事判断でほぼ一致することもあるから、自律性といってもそれは相対的なものである。逆に、首長による恣意的な人事の強行に対し、人事担当部門の自律性といっても、さしたるものではないかもしれない。首長の人事決定は人事担当にとっても怖いのである。比較的小規模の市町村では特に首長の意向が隅々まで浸透しやすい。それだけに、人事管理に関する首長の考え方が一層問われるといってよいであろう。

自治体の規模が大きくなり、職員の数も相当数になれば、首長はいちいち個々の職員の人事を決定することはできない。その分だけ、人事課と各部課の所属長の意向が反映しやすくなる。そういう場合は、首長は首脳部人事あるいは重要人事以外には、人事政策を明確にし、具体的な方針を定めることにとどまらざるを得ない。

首長が組織改正を行うにも、新規政策に着手するにも、人事を抜きにはすまされない。そのために人事課が保有している職員情報が不可欠である。まず首長が手をつけたいのが人事課長の人事であることはよく理解できる。選挙後はまずは「所領安堵」といっても、首長が人事課長人事だけは行い、それを予想される人事異動のサインにするのである。

◆当てはめ人事

一般に、自治体では、年功序列的な考え方を基礎に横並び的な人事が行われてきた。「年功」でもなく、「年（齢）」が決め手になっていることも多い。人事の命は「適材適所」であるといわれるが、実際は、秩序維持型の当てはめ人事で、降任人事はまずないし、抜擢人事はむしろ例外である。人事課には、個々の職員に関し属性と経歴と人柄の記録が保存され、順送りの「和」を重んずる人事決定の内部基準がある。この点では、職員が全体として公平な処遇を得られるようにはからい、強い不満が発生することを避ける工夫をしてきた。この意味では人事担当部門は「慎重」ないし「臆病」であるといえよう。

それでも、人事の公正さが崩れるのは人事課の外の力、例えば首長などのトップの強い意向が働く場合であるが、いかに首長の「補助機関」とはいえ、その職員の経歴、意欲、能力などを無視して、自分の意に沿わぬからといって「左遷人事」を断行し、「ういやつだ」と考えて異例の「抜擢人事」を平気でやるような首長に対して人事課は自らの存在理由をかけて苦言を呈する程度に勇気がなければ困るのである。人事課は一方で人事の公正化・客観化・明朗化を図りつつ、他方で理不尽な人事要求に抗するだけの意志と実力を備えている必要がある。首長と人事課の関係は時に微妙である。

人事は人事課だけで決定されるわけではなく、人事記録、首長等のトップの考え、所属長の評価、人事需要、職員の意向（自己申告）等が、時と場合によりさまざまに組み合わさって具体的な人事が決まるのであるが、その「原案」作成はやはり人事課の仕事である。人事課の「原案」がどの程度の強みになるのかは人事課の重みと人事課長の「有力者度」にもよるといえようが、「原案」作成者が大きな影響力をもっている、あるいは少なくとも職員からそう信じられていることは確かである。首長は、人事課長を掌握し、人事案に自分の意向を反映させるのである。

12
4
職員の採用人事

ところで、首長による人事権の行使は職員に対する辞令交付の形をとっている。「辞令」は、一般には指図書・命令文書の一種であるが、自治体では、職員の辞令様式に関する規程を定め、発令事由、給料、勤務所等の事項が書かれている。辞令とは、首長が発令し、職員は受令（拝命）するもので、上司と部下の関係が凝縮されている。発令事由（種類）は、採用、昇格・昇給、昇任、配置換、出向、併任、派遣、育児休業、分限、懲戒、退職、定年等であるが、例えば、採用の場合は「○○市職員に採用（任命）する。事務職員・主事補を命ずる。月俸○級○号俸（○円）を給する。○○部○○課勤務を命ずる」ということになる。

◆縁故・口利き

職員の採用は、「受験成績、人事評価その他の能力の実証に基づいて行わなければならない」から、公選首長でも、いわゆる縁故採用はできないし、議員等からの「口利き」も許してはならない。一般に職員の新規採用は「公開競争の資格試験」によっている。「公開」とは国民の誰もが差別されることなく職業としての公務を志願してよいことを、「競争」とは限られた採用人数の一員になることを競い合い、その競争に負ければ不合格となることを、「資格試験」とは志願者には一定の条件が要求され、また通常は筆記と面接の試験によって公務員としての職務遂行能力を判定することを、それぞれ意味している。この採用試験の結果は明白であり、合格、不合格の判定は厳然としている。

この厳選主義を緩和させるのが、「有力者」の口利きや情実による「縁故採用」である。もともと採用試験で判定しうる限りで能力があると認定された職員の場合でも、第一に、その能力は本物かどうか、第二に、当初予想した通りの能力を発揮しうるかどうか、本当のところはわからない。当たり外れも予想外もありうる。であればこそ、採用時に慎重にも慎重な複数の眼による厳選審査が必要となる。この点で、「縁故採用」は、どちらかといえば能力判定における厳しさを損なうという意味でも、また「縁故採用」職員が、その「縁故」への心理的な負債を感じ続けなければならないという意味でもあってはならない悪しき人事である。

◈試されるのは面接者側

市の場合で言えば、新規採用試験における最終面接には市長・副市長・総務部長などがあたり、人事課が事務を行っている。いうまでもなく、面接は、面接者が被面接者を試すものであるが、実は、面接者の能力も試されているのである。面接の結果採用された職員が採用後期待されたような仕事ぶりをするかどうかは、面接者の眼力（人を見る眼）にかかっている面が少なくないからである。自治体職員としてしかるべき人物であることを見抜けなければ、面接者の能力に問題があったことにもなる。採用の最終判断は首長がするから、首長の眼力が問われるのである。そこに情実が入り込む余地はない。

12

5 人事異動

人事異動の季節

年度をはさんで自治体でも人事が行われる。毎年めぐってくるこの人事の季節は、人事当局にとっては気忙しく、人事異動の対象となる職員にとっては不安と期待が入り混じり、落ち着かない一時期である。人事作業は職員の処遇などの決定に関する業務である。定年退職する部課長などの後任人事を決めるために、年度内最大の人事異動となる新年度人事が三月二六日前後に内示される。この役所の暦に合わせて、首長は、三月末の退職職員辞令交付式や、四月一日の辞令交付式で挨拶をする。

都道府県の場合は、何百、何千という数の職員が異動する。新聞には、警察官や教員、そして一般職の幹部職員の異動の一覧が掲載される。これは、昇任と配置転換が芋づる式に行われるからである。この公表は何のために行われ、どのような社会的効用があるのであろうか。自治体の人事は、内部管理事項として処理され、ほぼ一切の住民自治を排除して決められているにもかかわらず、主要な人事異動は世間に知らしめるのであろうか。

どんな人物をいかなる基準で採用し、誰をどこに配置してどんな仕事をさせるのか、どういう経験と能力をもつ職員を管理職に昇任させるのか、その間、職員をどのように鍛え育成していくのかは、住民が関与しない、あるいは関与すべきでない、ほとんど専ら役所・役場の内部管理に属する事柄であると考えられてきた。人事システムは住民のあずかり知らぬ領域であるとされている。

住民側からみれば、今まで良好な関係にあった職員が別のところに異動し、事情がわからない職員が配置されるということが起こるから、人事が住民との関係を考慮せずに行われている。あるいは鈍感で横柄な現任の職員を別な職員に取り替えてもらいたいと思っても、具体的な人事には口が出せない。人事こそ、およそ外部から、あるいは住民からはうかがい知れない内部管理事項の最たるものである。

対住民関係で、人事システムをどの程度まで透明度の高いものにしていくかは自治体改革の課題の一つである。例えば自己申告や勤務評定の様式、配置転換・昇任の基準、研修プログラムなどを公表することによって、人材育成に関する考え方を内外に示すことが考えられる。行政の諸活動に関し住民に対して説明責任を全うしていかなければならない分権時代の到来に伴って、これを不問に付すわけにはいかないはずである。

仕事の内容が書かれていない辞令

首長が交付する辞令には、「○○課から○○課への配属とする。」（配置転換）とか、「○○を、○○日付をもって○○部の○○課長に任命する」（昇任）とか、「課長の任を解き、同日付をもって部長に任命する」（昇格）としか書かれていない。具体的にどのような仕事をするのかは、配属場所に行ってみなければわからない。

人事は個々の職員の処遇に関する事柄であるが、実際には人（職員）と事（仕事）を結合させることである。この結合のさせ方は、論理的には、所与・既定の仕事にある職員を当てはめるか、あるいはある特定の職員を見てある仕事を割り振るかのいずれかである。そして適材適所とは職員と仕事の最適な結合のことであるといえる。

しかし、現実には、役所組織における仕事の内容はそう頻繁に変わるわけではないから既定の仕事に職員を当てはめることが人事ということになりやすい。そこで、ある課・係に配属され一定の仕事を割り当てられた職員から見て、そこが「適所」とは限らないし、逆に、課・係のほうから見て、その職員が適材だとは限らない場合も出てくる。とくに、自己申告などでは本人が希望しなかったにもかかわらず、今まで一度も体験したことのない職場に回され、まったく新しい仕事を割り当てられるような場合には、当の職員にしてみれば、「どうしてここに配属されたのか」と疑問に思い、「新しい仕事にうまく適応できるだろうか」と不安にもなるだろうし、職場のほうでも、「この人は大丈夫かな」と心配になることも少なくない。

◆新しい仕事で職員を育てる◆

職員は、たまたま、ある課・係に所属して、その仕事の一部を分担している。職務分担表で一応定められている仕事を前提にすれば、ある職員が転出すれば、とりあえず、その職員が分担していた仕事をこなしうると考えられる職員であれば補充できるから、この場合には仕事に人をあてはめることになる。

しかし、新規施策を打ち出すとか、組織改革を行うとか、新しい仕事を実施しなければならないとか、新しい組織を設置しなければならないような場合には、それらを可能にする職員の配置が必要になるであろう。この場合には、仕事は所与ではなく、必ずしも内容が確定できない新規のものとなるため、ある職員の柔軟性ないし適応性を見込んで、いわば人を見て仕事を割り振る人事を行わざるをえない。このような場合には、むしろ畑違い、未経験が当然となるから、特段に、そうした仕事を割り振られる職員の意欲と研究と能力発揮に期待せざるをえない。人事課は、限られた手持ちの職員の中から、そのような人材をどのように発見し登用するか、きわめて大切な役割を負っていることになる。

この点では、都道府県でいえば日頃、本庁にいて人事課の職員と接する機会の多い部門が人事の上で得をしているといった風評を立てられているような人事課では困るのである。出先機関や諸施設にいる職員のなかに人材が埋もれているかも知れない。市町村でいえば、なんらかの事情で（例えば首長ににらまれて、あるいは嫌われて）本人は当然のこと、人事課から見ても必ずしも「本意」でない職場で仕事をしているが、考えられている新しい仕事に向いている職員であれば活用しないという手はない。

このように新しい仕事にチャレンジさせるという人事は、人材育成の一つのやり方である。仮に自ら望んだのではないにしても、新しい仕事に挑戦し、それをやり通すことで、さまざまな困難を乗り越え、自分のなかに潜在している可能性を引き出していく、人にはそういうすばらしい一面がある。

辞令にミッションを添える

◈配転人事

大部屋主義の職場組織では一所（ひとつところ、部屋）で職員はお互いの仕事振りを実感でき観察できるし、人事異動でいくつかの部門へ「転居」して仕事をするから、お互いに評価イメージを形成しやすい。大部屋主義とは、公式の（事務分掌規程上の）所掌事務は、局、部、課、係といった単位組織に与え、しかも、その規定の仕方が概括列挙的であり（「○○に関すること」）、職員は、そのような単位組織に所属し、しかも、物理空間的には一所で執務をするような組織形態をいう。

こうした執務形態を前提にして人事異動が行われると、「あの人がここに配置されたのはもっともだ」とか「どうしてあんな人がここにきたのか分からない」とか「今度来た課長は思ったとおりの人だ」とかいった風評が立つ。もちろん、自分の人事についても不満から嫉妬ややっかみ半分のものもあろうし、自分に直接関係ない場合には気楽に「批評」できるということもあろう。

しかし、大部分の職員が肯首できる人事はやはり適切な人事であり、大部分の職員が首をかしげる人事はどこかおかしい人事であるといえよう。人事課は「原案」作成権をもってはいるが、大部屋主義の下では人事評価を独占できない。そのことはある課で所属長としての課長が職務上課員の勤務評定を行うにしても、実は課長もまた日々の仕事振りや態度について職員から評価を受けていることを考えれば明らかである。大部分の職員が首をかしげる人事を人事課が行うのであれば、それは、このような職員相互で抱かれている評価イメージに挑戦することになるのである。人事課は、「不明朗」といわれても、「人事はマル秘」を理由にしてなんら説明しなくても済む。人事は内緒事、秘密事項であるという面があることは否定できないが、できる限り、客観化する努力を行い、人事課の信頼を確保し続ける必要がある。ある人事を行えば大部分の職員から不評を買うだろうということを人事課は予測できるはずである。それでも、あえて、そのような人事を行うのはどうしてなのか、人事の生命である公正さを疑われてもしかたがない。

◆「事情」の説明と激励

配転人事がどうして行われるのかについて、少なくとも本人には所属長なり人事課なりから知らされてしかるべきである。まったく未知の部門に配置された本人は「意外な人事」と思っている可能性が大きいから、自分のどのような面が考慮され、あるいはどのような面に期待をかけられて、この人事となったのかを知りたいと思うのは自然である。もし、適材適所などという基準ではなく、まったく他の「事情」で配置が行われたのであれば、なおさらその「事情」を噛んで含めるように本人に話すべきではなかろうか。自治体職員なら、どこの職場のどんな仕事でもこなすようになってくれなければ困るということが人事の基本方針であるならば、その旨を伝えるべきなのである。本人にとって「意外な人事」が実は本人の新しい可能性を拓く機会となりうるのであるならば、そう激励すべきなのである。

そして、そのような人事であるならば、新たに配属された課・係の管理者等に対して特段に助言・指導の配慮を要請する必要がある。これが、ほとんど行われていない人事管理の事務引き継ぎである。そうしてこそ、貴重な人的資源である職員を大切に扱うことになるというべきである。

首長が直接辞令を交付する幹部職員に対しては、首長から一言、「あなたには、この点を重点的に頑張ってもらいたい」と人事の意図を伝えるのである。国の場合、組閣に当たって内閣総理大臣が任命する大臣に「指示」を与えるが、執行機関のトップである首長も、人事の意図が分かるように、直接本人に対して辞令に託されている任務を生の言葉で伝えるのである。

政策実現と職員配置

公選首長にとっては選挙戦において有権者に約束した政策をいかに実現するかは政治責任の問題である。従来の政策の積み増しでは済まず、政策の変更とか新規政策の導入ということになると、その実現のためには、それに見合った指示を出すとか、職員配置を検討するとか、場合によると組織の組み替えとそれに伴う職員の再配置を行わなければならないかもしれない。公選首長が役所・役場の現場に変動をもたらす行動の一つは、こうした新たな政策実現の態勢整備である。

◆政策変更と人事配置

ある政策の変更は、それまでその政策を担い、実施に当たってきた職員と、その政策に直接・間接に利害関係をもつ人びとにとっては、普通は、歓迎されざるもの、あるいは自分たちに損失をもたらすものと受け取られやすいし、事実、そうした面があることを否定できない。したがって、いかにその政策変更が選挙公約であるといっても、実際に変更するということになれば、首長としては、相当の反発や抵抗を覚悟しなければならない。

そこで、少なくとも職員との関係でいえば、いままで、その政策を担当（所管）してきた組織（部課）を加えないにしても、職員は替えなければ新しい対応を進めにくい。ここに、政策の変更が人事と結びつく重要な理由があるといえよう。もちろん、その政策を担当してきた職員に、それ自体で、非があるわけではない。むしろ、それまでの仕事振りを評価した上で、同一の職員について変更された政策を担当する苦痛から解放してあげることが人事上の配慮なのである。その際、職員のどのレベルまで入れ替えるかは個別事情によろうが、管理職の異動は避けがたいであろう。政策の変更を軌道にのせるのに適任の職員は誰なのかについて的確な人事情報に基づく首長の判断が必要なのである。

他方、いままでどの課でも手がけてこなかった政策を導入する場合は、首長は、任務規定の解釈の上で、最適の課へその検討を指示することになる。その場合、既存の課に新たな仕事を付加することに無理があれば、担当の課ないし職を新設して、そこに新規政策の検討を託することになる。いずれにしても、その任にあたる職員を選定しなければならない。既存の課と既存の職員にこの検討を委ねるのならば、その力量を見定めておく必要がある。

◆外部人材の登用

どうしても庁内に適任の職員が見つからなければ、外部から「人材」を補充する必要もでてくる。市町村の場合でいえば、新規政策に合わせて府県や国から「人材」の派遣を頼むということも時には有効である。ただし、外部からの「人材」が活躍している間に、その自治体の固有の職員は、その人から吸収できるものはできるだけ貪欲に吸収して、外部の「人材」に頼らなくともすむ条件を一日も早くつくり出すことが望ましいだろう。必要があって外部から人を呼ぶことは、自治体の職員にとっては仕事を通した研修の絶好のチャンスであると考えられるべきなのである。それを、よそ者として冷淡にみるような狭量では自分たちの能力を伸ばすことはできない。首長としては、新規政策が一応の軌道に乗ったら、いつまでも外部の人間にたよらず、固有職員にバトンタッチをさせる考慮を忘れてはならないのである。

職員は、首長が見られていると思っている以上に当の首長を見ているのではなかろうか。再選のための保身にきゅうきゅうとし、実利に嗅覚が鋭すぎて、それに引き寄せられている首長もいる。首長が不用意に口に出す言葉がどれほど職員を含む関係者をわずらわせるかということに無自覚なまま思いつきのアイデアを放言する首長もいる。職員を信頼し励まし、大筋の考え方を提示し、あとは職員にまかせる首長もいる。なにかにつけて細部にわたるまで口を出さなければ気のすまない首長もいる。さまざまな顔をする首長と付き合わなければならない職員の身もそう楽ではないのである。

職員は全体として公選首長を補助するのが基本的任務となってはいるが、大局的にものを判断できない首長が出てくると、意欲と力量のある職員ほど、神経とエネルギーを不必要に消耗することを首長に知ってほしいと思うのも無理からぬところである。もっとも、小人物が首長になるのは公選制の代償の一つといえないこともないから、そのような首長に愛想をつかすわけにもいかない。地域と自治行政の将来に誤りがなきよう勇気をもって忠言するのも幹部職員の役割である。

管理職との面談

首長と幹部職員は、重要な政策の立案や実施をめぐって比較的頻度高く顔を合わせる機会が多いだけに、相互の信頼が自治体の運営に与える影響は大きい。職員はいわば「備え付け」である。その職員の面従腹背ほど首長にとって不幸なことはない。強い、しかし職員を大事にする指導力が首長に期待される所以である。

現任の首長であれば、首長が部課長などの管理職の感覚や能力、さらに人柄を知りうるチャンスは、実務の上では起案がらみの事前説明（了承）や決裁のときの面談である。都道府県や政令指定都市のような大きな自治体の首長は、すべての決裁に関わって管理職と面談するわけにはいかないし、またその必要もない。専決や代決の便法制度はそのためにある。しかし、首長からみてその自治体にとって大切と思われる事案については、正式の決裁の前に、関係課から事情や意見を聴取するか、あるいは腹案をもつ関係課からの説明を聞くことによって、首長として理解し必要に応じて意向を示さなければならない。

このような機会には、首長は説明に当たる課の職員のもの言いやその内容の確かさなどを直接評価できるが、逆に、そのように首長と直接会う職員も首長の態度、関心の所在、意向などを知り、かつ評価することができる。例えば、少しでも地域に利権が発生すると思われる開発事業には敏感に反応するとか、議会筋に細かな神経を使うとか、法令上の解釈を重視するとか、施策の内容の良し悪しよりも財政支出の規模をまず心配するとか、細々とした文章上の表現にうるさいとか、職員組合の反応を気にするとか、だれとだれがその案のことを既に知っているかについて注意をとめるとか、実際に事案の性質と内容に応じて首長が示す態度は、首長と会っている職員にとってはあるサインを発しているともいえる。

それによって、職員は首長の関心事や見識や器量をそれなりに判断するのである。もちろん、そうした評価を公然とは口に出さないであろう。それが公選首長への礼儀であるし、また職員が首長を評価するなどおこがましいと叱正をうけるおそれもあるからである。

12　6　人事評価新時代と首長の職員人事

すべての首長に求められる人事評価制度の整備

地方公務員法の改正によって、「職員がその職務を遂行するに当たり発揮した能力及び挙げた業績を把握した上で行われる人事評価の結果を任用、給与、分限その他の人事管理の基礎とする」こととなった。そのねらいは、自治体の現場で正規の常勤職員数が減少する中で、個々の職員に困難な課題を解決する能力と高い業績を挙げることが従来以上に求められており、能力・実績に基づく人事管理を徹底することによって、より高い能力を持った職員を育成し、組織全体の士気を高め、公務能率の向上を図って、住民サービス向上の土台を確立することにあるとされている。

待ったなしの取組み

国家公務員の人事評価制度は、二〇〇七年の国家公務員法改正により導入、二〇〇九年から実施されている。国は、地方公務員についても、助言等により人事評価制度の導入を促してきた。二〇一三年度で見ると、国の人事評価制度と同様の取組み（能力評価及び業績評価（目標管理））を行っている自治体は、都道府県では四七のうち三七（七八・七％）が、指定都市では二〇のうち一九（九五・〇％）があるが、市区町村では一、七二二のうち五六二（三二・七％）にとどまっていた（総務省自治行政局公務員部給与能率推進室「地方公共団体における人事評価制度について」二〇一四年八月一五日を参照）。

市区町村での比率が低いのは地方公務員法改正の様子を見ていたからだと思われる。法改正がなされた以上、すべての自治体で人事評価制度の導入をはじめとする人事制度の改革・整備を行わなければならなくなった。

特に相対的に規模の小さな市町村では、職場組織が顔の見える関係になっており、わざわざ勤務評定を行わなくとも、日常の人事管理だけで十分だという見方が強かった。しかし、既に町村でも、このたびの法改正を待たずに人事評価制度の導入に踏み切って成果を上げ始めたところもある（例えば、岐阜県輪之内町、長野県松川町、鳥取県若桜町、福井県美浜町など）。

改正前の規定でも、「任命権者は、職員の執務について定期的に勤務成績の評定を行い、その評定の結果に応じた措置を講じなければならない」（四〇条一項）こととなっていた。勤務評定と人事評価ではどこが違うのか。人事評価も、職員の執務の状況を把握、記録するものとしての性格は勤務評定と同様であるが、評価基準の明示や評価結果の本人への開示など定義・位置付けを明確化し、また、従来の勤務評定と比べて能力・実績主義を実現するための手段として客観性・透明性を高めるものとなっている。

これまでの勤務評定の問題点としては、評価項目が不明瞭であり、あらかじめ明示されていない、上司から一方的に評価されるのみで、評価結果は部下に知らされない、人事管理に十分活用されていない等が問題だとされた。こうした点の改善に乗り出す先駆的な自治体が出てきて、新たな人事評価制度を先行させ、それが国家公務員法の改正を促し、地方公務員法の改正につながったのである。

従来の人事管理の問題点

一般に、自治体では、年功序列的な考え方を基礎に横並び的な人事が行われてきた。人事担当部門には、個々の職員に関し属性と経歴と人柄の記録が保存され、順送りの「和」を重んずる人事決定の内部基準がある。この点では、職員が全体として公平な処遇を得られるようにはからい、強い不満が発生することを避ける工夫をしてきたとも言える。こうした実態は、次のような見方が反映していたといえる。勤務評定は人が人を評価することであり、誰もが評定者として嫌われたくない。公務の世界では実績や能力を判定するための数値化は困難であり適当ではない。実績をあげるために数値目標を設定してノルマに追われるのはかなわない。評価制度は職制の権威を高め、職場に過大な緊張を生み出す。日常の業務で手一杯であり評価作業のような面倒な負担は避けたい。

その結果、人事の年次管理の中で先輩の背中を見て追いかけていけば自分も役職が上がり同じ処遇が受けられるという期待が職員の間に定着することとなった。また、これまで自分は能力が劣ると判断されることがなく、他の職員をそう判断することは「忍びない」「可哀想だ」という発想が根強かったとも言える。もし能力・業績主義を強めていけば、個人の能力を明確に評価し、人事や処遇に関し必要な人事措置をとらなければならなくなる。そうなれば職員間に格差が生まれるではないかと。

ある職員の勤務実績が良くない場合、分限処分の明確な基準を定め、職員に公表した上で、人材育成の観点からまず再訓練・研修を行い、その上で適正な処分を行うことが必要となる。実際には、よほどでない限り降任や降給などの分限処分はなかった。やっと職員の意に反しなければ、あるいは職員が希望するならば、降任人事を行う自治体が出てきた。これまでは降任は「更迭人事」と受け取られ、本人にとっては辛い制裁的な意味をもっていた。しかし、降任をただマイナスの人事とのみとらえるのは適切ではないのではないかと考えられるようになった。一部の自治体であるが、管理職昇任希望制と同時に「管理職降任希望制」を導入して、制裁的降任ではない人材開発型の人事運営に乗り出したところも出てきた。

管理職人事にも問題があった。一度、管理職に昇任してしまうと、降任人事がないことをよいことに、おそらく安心から、あるいは保身意識や無事指向から、自治体の管理職としての自己形成（今のように感じ、考え、行動している自分は他ならぬこの自治体の職員としてまっとうであるか自問自答し、自己を高めようと努力すること）をやめてしまう職員が出てきてしまっている。管理職に必要な適格性を有しているかどうか明らかでなく、意欲もなく、部下職員の人材育成に無関心な管理職も見られた。

職員の間に勤務評定の結果を給与等の処遇に使うことを忌避する空気があることを考え、また、改革ともなれば実際には勤務評定に消極的な職員団体とも折衝しなければならないこともあって、本来、こうした状態を改革しなければならないはずの首長と人事課が波風を立てることを気にして現状維持を続けている場合も見られた。

他方で、次のような改革意見もなくはなかった。旧来の「閻魔帳」型の秘密的で一方的な人事運営はよくない、職員が納得できるものに変えるべきだ。「努力した者は報われる」という当たり前の論理が組織内にいきわたることで職員の士気は高まる。恣意的な人事を排除し、透明・公平を確保できる勤務評定制度を実現していくべきだ。人事管理はブラックボックスになっており、個人の能力や実績を正しく評価し、報酬や昇進・昇格に結びつける総合的な人事評価システムが必要だ、等々。

人事評価結果の活用と首長の対応

新たな人事評価の基本的な仕組みは次の通りである。①評価を能力評価及び業績評価の二本立てで実施する、②評価項目、基準、実施方法等、評価基準を明示する、③各評価者への研修等を行い評価者を訓練する、④被評価者が自らの業務遂行状況を振り返り自己申告を行い、評価者と被評価者が面談・話し合い、目標設定やフィードバックを実施する、⑤評価結果を被評価者に示し、今後の業務遂行に当たっての指導・助言を実施する、⑥評価に関する苦情に対応する仕組みを整備する。

首長等の任命権者は、「人事評価を任用、給与、分限その他の人事管理の基礎として活用するものとする」（地方公務員法二三条二項）こととなった。人事評価の結果をいかに活用するかが今回の改正のポイントになっている（以下、総務省自治行政局長「地方公務員法及び地方独立行政法人法の一部を改正する法律の運用について（通知）」を参照）。

◈昇任人事

職員の昇任をはじめとする任用の際の能力実証の手段として人事評価を積極的に活用する。例えば職員の昇任は、「任命権者が、職員の受験成績、人事評価その他の能力の実証に基づき、任命しようとする職の属する職制上の段階の標準的な職に係る標準職務遂行能力及び当該任命しようとする職についての適性を有すると認められる者の中から行うものとする」（地方公務員法二一条の三）とされている。過去複数年の人事評価の結果が所定の要件を満たす者の中から最適任者を昇任させることになる。

首長から見れば、この枠組みの中で昇任人事を行うことになるから、いかに首長に人事権があると言っても、これから外れる人事を行えば恣意的だという批判を受けることになる。逆に、首長は、職務遂行に関し一定の水準と適性を有する職員を確保できることになる。首長はその中から最適任者を選ぶことになる。

◆業績評価と勤勉手当

直近の業績評価の結果を勤勉手当に活用する。国では、勤勉手当の支給総額の上限の算定に扶養手当を算入するとともに、標準の支給率を一律抑えた上で、勤勉手当の上位の成績率の支給原資として、直近の業績評価の結果に基づき、成績区分・成績率に応じた勤勉手当を支給している。自治体も、こうした国の取組みを参考に、評価結果に応じた勤勉手当の運用を図る。勤勉手当について、扶養手当の支給基礎額への算入や成績率を反映させない一律の支給などの不適正な運用がある場合には、速やかに是正を図ることになる。

業績評価に関しては次の点の認識が重要であると思われる。業績評価は、職員が果たすべき職務をどの程度達成したか（例えば具体的な業務の目標、課題を期首に設定し、期末にその達成度を評価）を把握することになる。目標設定は業務の実態に応じて設定され、必ずしも数値目標のみならず、定性的な目標や効率化、業務改善などに着目したものもありうる。

前にも指摘したように、辞令には仕事が書いてなく、所属場所に行ってはじめて担当する仕事がわかるというのがわが国の職場組織である。仕事（任務・職務）は単位組織（局・部・課・係）に概括列挙的（○○に関すること）に与えられており、それをメンバー全員で分担・協力して遂行することになっている。こうした職場組織の特色から、所属組織ごとに目標管理的な検討を行わなければ、効果的な任務遂行はできないはずである。この認識に立てば、業績評価はむしろ容易であり不可欠であることが理解できよう。

例えば次のような点検が必要になる。課の任務規定の解釈は今までのままでよいか。課の任務・目標はメンバー全員の共通理解となっているか。係及び係員に対する職務の割当ては合理的かつ公平になされているか。割り当てられた仕事が課・係全体のなかで明確に位置付けられているか。各職員に割り当てられている職務は当該職員の能力・適性等に合致しているか。職員の潜在的能力を引き出すために職務を拡充する可能性はないか。課内で必要な情報が必要なところへ必要な時に届くようなシステムが作り上げられているか。必要な情報が届かずに困っている職員はいないか。課・係全体の仕事が滞りなく進むように上司・同僚・部下がお互いに相補い融通し合う補完行動をとっているか。ある職員が日常業務において問題を発見した場合、それを課や係の検討課題にしやすいような自由でおおらかな職場の雰囲気はあるか。新しい課題について調査研究し、その解決を図ろうとする「政策立案研究」の指向が職員の間にあるか。現行の職務遂行について、その内容と方法に改善の余地はないか。今まで人力と時間を注ぎ込み過ぎている業務はないか。新たに取り組む必要のある業務は何か。それにはどこのだれを振り向ければよいか。仕事を通して職員の長所をさらに伸ばし、弱点を克服するにはどのような指導をすればよいか。

◆昇給と分限

過去一年間の人事評価の結果を昇給に活用し、過去二年間の人事評価の結果を昇格に活用する。国では、昇給について過去一年間の能力評価・業績評価の結果に基づき、「勤務成績が極めて良好である職員」から「勤務成績が良好でない職員」まで、原則として五段階（S、A、B、C、D）の区分で昇給を行っている。自治体も、こうした国の取組みを参考に評価結果を反映した昇給の運用を図ることになる。また、能力評価又は業績評価の全体評語が最下位の段階の場合を、降給（降格・降号）処分の契機として活用し、また分限（降任・免職）処分の契機として活用（助言・指導・研修などの改善措置）し、矯正されなかった場合には分限処分を行うことになる。

従来の地方公務員法二八条によれば、職員が、①勤務実績が良くない場合、②心身の故障のため、職務の遂行に支障があり、又はこれに堪えない場合、③前二号に規定する場合の外、その職に必要な適格性を欠く場合、④職制若しくは定数の改廃又は予算の減少により廃職又は過員を生じた場合のいずれか一つに該当する場合は、その職員に意に反して、「これを降任し、又は免職することができる」のである。改正法では、このうち、前記の①を「人事評価又は勤務の状況を示す事実に照らして、勤務実績がよくない場合」と明確化した。「勤務の状況を示す事実」としては、出勤状況を示す出勤簿、勤務状況に関する現認書等が想定されている。

◆人材育成

人事評価における自己申告、目標設定、面談や評価結果の開示などの過程を通じて、職員が自らの職務行動を振り返ることにより、効果的、主体的な能力開発につなげる。管理・監督職たる評価者にとっては、評価者訓練が能力開発の機会となるとともに、評価者としての責任を担って評価を行うことで日常的な指導能力を向上させうる。能力評価の評価項目や評価結果については、職員の能力開発への取組みとして、研修プログラムの設定、改善などに活用するとともに、評価結果に基づき各職員の得意分野の能力向上や弱点克服のための研修受講を促す。人事評価制度を各自治体の人材育成に関する基本方針に位置付け、体系的な能力開発に努めることになる。

職員の人事異動（転任と昇任）といっても、大規模自治体と小規模自治体ではその複雑さと手間・作業量は相当に異なるから、なかなか同一には扱えない面があるが、共通する課題は人材育成の観点の重視ではないかと思われる。

人事評価では、職員がその職務を遂行するに当たり実際に発揮した能力及び挙げた業績を評価するのであって、潜在的能力や業務に関係ない能力、人格・人柄を評価するのではない。その上で、人材育成の観点とは、個々の職員のもつ潜在的能力を最大限に開発していくことを人事の目的の一つとすることである。そのためには、本人がどのような仕事を経験してみたいと思っているかについての自己申告と本人の適性、得意な分野、今後向上を必要とされる分野・能力に関する上司の的確な評価情報とが不可欠である。

職員は仕事を通じてしか育たない、あるいは仕事を通じて育てるということが本筋である。人事において職員を単に各組織部門に過不足なく無難に配置するのみでは人材は育たない。人材育成の明確な意図をもち、少なくとも本人にはきちんと説明しうるだけの用意をもって人事運営を図ることが望ましい。人事課は、人事異動後、一定期間が経たならば必ず職場から情報を集めて自らの職員評価と人事配置の妥当性や有効性を点検・評価すべきなのである。

◆職務給原則を徹底

職務給原則を徹底するため、地方公共団体は給与条例で「等級別基準職務表」を定め、等級別に職名ごとの職員数を公表するものとなった。これまでも、「職員の給与は、その職務と責任に応ずるものでなければならない」（地方公務員法二四条一項）とし、職務給が原則とされてきた。「等級別基準職務表」とは、給料表の等級別の分類の基準となる職務内容を示したもの（例：六級＝本庁の課長の職務、三級＝係長又は主査の職務など）であるが、これまでは国は技術的助言により、その条例化を促してきたが、これが法定化された。

以上のような人事評価制度の導入によって首長が選挙後の論功行賞ないし報復的人事を行うとか人事異動において「縁故」や「口利き」などが入るといった余地はなくなる。他方、年功序列・横並びの扱いによって、ともすれば公務員の身分に安住しがちな職員をなくしていくことになる。

自治体の行政は、結局、「人」だというが、職員の意欲と能力を最大限に引き出すという意味で職員を大事に扱うべきである。どんな仕事でも「上手で・手早く・安く」できなければ、職業人としての自治体職員の存在理由自体が問われかねない。これまでにも増して職員の働きぶりとその処遇が住民の厳しい眼にさらされている。すべての自治体の首長にとって人事評価とその結果の活用は待ったなしの改革課題である。

第13章　女性の首長

13 1 男たちが占めてきた首長のポスト

「全国には、約一、〇〇〇万人を擁する東京都の知事から、人口わずか数百人の村の村長にいたるまで、同じ首長といっても、実に、規模、位置、地域環境などでさまざまに異なる自治体の長がいるし、またその人柄や力量も多様である。しかし、こうした相違にもかかわらず、首長が、いわば一国一城の主であることにかわりがない。そして、この主は、ほんのわずかの例を除いて、どこでも男であった。

つい最近、関西の芦屋市で女性の市長が誕生して話題をよんだが、まだ女性の知事はうまれていない。市の助役や都や県の副知事に女性が任命される傾向が出始め、女性首長が少しずつ増えていく気配は感じられる。しかし、自治体の長に女性が就いても当り前という時代はまだまだ先のことである。」

これは、「自治実務セミナー」において、三〇巻九号（一九九一年九月）の「首長論」の冒頭で筆者が書いた一文である。六二歳の北村春江さんが芦屋市の市長に就任したのは一九九一年四月のことであった。女性の知事が誕生したのは、それから九年後の大阪府で、四八歳の太田房江さんが二〇〇〇年二月に府知事に就任している。後述するように、この頃から女性の首長が少しずつ増え始めたのであるが、それまでは、首長のほとんどを男性が占めていた。

なぜ、首長ポストをほぼ男が占めていたのか、その背景には、次のような考え方が支配的であったように思われる。

背景

第一は、争いの主役は女には向かないという見方である。女性の首長が誕生するには、当然ながら、選挙に打って出て、男性候補者と争って勝たなければならない。首長選挙の過程で女性たちの活躍には顕著なものがみられるが、それは男性候補者の支持・応援という、いわば担ぐ側であって、自ら候補者となって、担がれる側ではない。だから、男たちが主役となって男同士で争ってきたため、選挙戦のなんたるかは男たちが知り、その情報は男たちの間で共有されていたといえる。選挙戦も、戦い・争いであり、戦い・争いは、まさに男たちの世界であり、女たちはよくても後方支援に回るものと考えられていた。戦い・争いの主役には女は向かないと思われてきたことがまず一つである。

次に、地方議会の何人もの議員のうちの一人ならいざしらず、首長はたった独りであり、しかもトップである、そういうトップは、とても女には務まらない、そう考えられていたことがもう一つである。たしかに、首長は重責を担い、その職務も多方面にわたっており、さまざまな能力を必要としている。自治体のトップとしての職務を果たしていく上で女性では無理であると一般に考えられていた。議会も役所の幹部職員もほとんどが男性であるため、これへの対応は男性でないとうまくいかないとか、外と交渉し、内をまとめ、必要に応じてリーダーシップを発揮していくことは社会的経験の少ない女性ではとても無理であるというのが、その理由であった。

第三に、首長職というのは、さまざまな機会に、さまざまな人と公式・非公式の接触・会合をもたなければならない。しかも、しばしばそれには宴席が伴うが、女性はそうした「宴席政治」は不向きであるとされていた。

第四に、首長職には気力・体力はもとより知力や胆力も必要とされるが、こうした点で女性はどうしても男性より劣っているのではないかとも考えられていた。やはり首長は男でないと頼りない、首長が女性では心もとないというわけである。

首長には女性は向かないという偏見

このように首長が女性では無理とか不向きとか心もとないとかいった理由が考えられていたということができるが、その一つひとつを検討すれば、いずれも、その根拠はあやしく、結局、それまでずっと首長は男性であったという既定の事実から、首長は女性ではとても務まらない、といっているに過ぎないともいえる。首長は女性では無理だ、不向きだと考えられてきた理由が、男性の首長ないし候補者にあてはまる場合をさがすのにさほど苦労を要しないからである。どうやら、自治体の首長ポストをほぼ男性が独占していたのは、この政治の世界にも男女役割分担論が根強く行われていたからといえそうである。

首長は男に限る、それが男たちの、そして少なからざる女たちの信念ないし偏見であったといわざるをえない。本当に男に限るかどうかは女性の首長も数多く登場し、その振舞いぶりを検証してみなければわからないが、首長職観、女性観、そして時代の流れが、こういう偏見を培ってきたといえるだろう。

このように首長選挙と首長職をほぼ男たちが独占してきたため、この世界に女性が新規参入することを阻むのに都合のよい理由が考えられてきた傾向が強いのである。これまでにも、少数ではあるが町長が女性であった例はあるし、一般に女性は首長に不向きであるとか、その重責を担うのはとても無理であるとかいった説明は筋が通っているとはいえない。しかし、ほとんどすべての首長が今まで男性であり、現にそうであることは事実であり、この事実の重みをはねかえして女性が首長になっていくのはやはり並大抵のことではない。

戦いや争いの場や様子こそ異なっているが、民間企業の世界では、かなりの数の女性がトップ（経営者）におり、厳しい競争環境の下で重要な意思決定を下していく地位に女性が不向きであるという説明は事実として通用しない。少なくとも民間企業の世界ではそうである。地域の暮らしや日常生活に密着した自治体の首長に女性がなってもなんらさしつかえないと考えられるが、当の女性の多くがまだ女性首長は無理であると考えているうちは、なかなか女性首長は誕生しないだろう。なんといっても首長職に挑戦する女性が出てこなければならない。どうやら、こうした偏見に女性たちが挑戦を開始しはじめた模様である。

女性首長の現状―まだ稀なケース

総務省の地方公共団体の議会の議員及び長の所属党派別人員調等（二〇一三年一二月三一日現在）によれば、女性知事は北海道知事、山形県知事及び滋賀県知事の三人である。このうち、滋賀県の嘉田由紀子知事は二期八年で勇退したから、二〇一五年一月には二人となった。女性の市区長は、宮城県仙台市長、東京都新宿区長、東京都足立区長、東京都三鷹市長、神奈川県横浜市長、新潟県魚沼市長、静岡県島田市長、静岡県伊豆の国市長、三重県鈴鹿市長、滋賀県大津市長、京都府木津川市長、兵庫県尼崎市長、兵庫県宝塚市長、岡山県倉敷市長及び山口県宇部市長の一五人であるが、二〇一四年三月に小田木真代さんが茨城県高萩市長に、同年四月に茂木英子さんが群馬県安中市長に就任したから、一七人となった。なお、東京都新宿区長の中山弘子さんは、二〇一四年一一月二三日の任期終了をもって退任することを宣言し、一一月九日に男性の吉住健一さんが新区長に当選したので二〇一五年一月現在で現職の女性区長は一人である。

女性の町村長は、栃木県野木町長、埼玉県長瀞町長、神奈川県愛川町長、京都府与謝野町長、大阪府田尻町長、兵庫県播磨町長及び福岡県苅田町長の七人であるが、愛川町長の森川絹枝さんは就任後一年余の二〇一四年五月三一日に病気のため退任し、同年六月一九日死去した。与謝野町の太田貴美町長は、京都府野田川町長を三期務めた後、合併後の与謝野町長を二期務め、二〇一四年四月一五に退任している。

以上が女性首長の状況である。知事が四七人中二人、市長が七九〇人中一五人、東京特別区長が二三人中二人、町村長が九二八人中五人である。それぞれの比率をとると、〇・〇四%、〇・〇二%、〇・〇九%、〇・〇一%である。この低い比率では、女性首長の誕生はまだ稀なケースであるといってもよいだろう。

13 2 女性首長の台頭

それでも、一九四七年の第一回統一地方選挙以降、特に一九九〇年の後半から女性首長は増えつつある。時代の歯車が少しずつ転回し始めたといえそうである。**表13―1**は、二〇一四年四月末現在で調べた現女性首長と元女性首長の一覧表である。

さまざまな退任の事情

ほとんどの首長は任期満了で退いているが、表の任期数に＊印の付いた首長についてはそれぞれに事情があって任期を前に退任している。

＊千葉県白井市の横山久雅子市長：市長は北総鉄道の運賃値下げのために沿線六市とともに計約一四億円を分担することで合意したが、市議会がこの補助金負担を認めなかったため、専決処分で補助金を支出した。その結果、市議会が不信任決議案を可決し、市長は議会解散の道を選ばず自然失職

（2014年４月現在）

自治体名	名　前	就任日	任期満了日	任期数	就任時年齢
伊勢原市	長塚　幾子	2004.10.1	2012.9.30	2	50歳
尼崎市	白井　文	2002.12.12	2010.12.11	2	42歳
芦屋市	北村　春江	1991.4.27	2003.6.10	3	62歳
五島市	中尾　郁子	2004.9.5	2012.9.4	2	69歳

現町村長

栃木県野木町	真瀬　宏子	2008.8.25	2016.8.24	2	62歳
埼玉県長瀞町	大澤　タキ江	2013.7.29	2017.7.28	1	66歳
大阪府田尻町	原　明美	2011.12.1	2015.11.30	1	54歳
兵庫県播磨町	清水　ひろ子	2006.7.13	2018.7.12	3	57歳
福岡県苅田町	吉廣　啓子	2005.11.13	2017.11.12	3	60歳

元町村長

神奈川県愛川町	森川　絹枝	2013.10.28	2014.5.31	1*	62歳
京都府野田川町	太田　貴美	1994.12.21	2006.2.28	3*	48歳
京都府与謝野町	太田　貴美	2006.4.16	2014.4.15	2	59歳
北海道東神楽町	川野　恵子	2008.2.28	2012.2.27	1	51歳
秋田県大潟村	黒瀬　喜多	1997.9.5	2005.9.4	2	52歳
栃木県野木町	真瀬　宏子	2008.8.25	2016.8.24	2	62歳
埼玉県越生町	田島　公子	2009.2.25	2013.2.24	1	62歳
埼玉県大利根町	柿沼　トミ子	2008.4.14	2010.3.22	1*	60歳
長野県清内路村	桜井　久江	2004.8.22	2009.3.30	2*	55歳
三重県大王町	野名　澄代	2003.2.12	2004.9.30	1*	53歳
滋賀県五個荘町	前田　清子	2003.2.1	2005.2.10	1*	48歳
京都府木津町	河井　規子	2004.9.19	2007.3.11	1*	48歳
大阪府豊能町	日下　纓子	2000.10.31	2008.10.30	2	60歳
広島県湯来町	中島　正子	1999.4.30	2005.4.24	2*	61歳
高知県葉山村	吉良　史子	1994.1.24	2001.9.10	2*	58歳
福岡県杷木町	中嶋　玲子	2002.4.21	2004.3.31	1*	48歳

総務省の各年の「地方公共団体の議会の議員及び長の所属党派別人員調等」、uub.jp ＞女性首長の一覧―都道府県市区町村、各女性首長のホームページ、関連新聞記事等から筆者が作成。＊は任期前に退任。

（追記）その後、高橋北海道知事は４選を果たし、任期は2019年４月11日までとなっている。また、市長としては2015年４月19日に長野県諏訪市市長に金子ゆかりさん（56歳、任期は2019年４月18日まで）が、町長として2014年11月30日に神奈川県二宮町長に村田邦子さん（57歳、任期は2018年11月29日まで）が就任している。なお、この表を作成後、女政のえん編『首長たちの挑戦～女が政治を変える』（2016年、世織書房）が発刊され、そこに「女性首長の歴史」という資料があるので参照されたい。

表13—1　女性首長

自治体名	名　　前	就任日	任期満了日	任期数	就任時年齢
現知事					
北海道	高橋　はるみ	2003. 4.23	2015. 4.22	3	49歳
山形県	吉村　美栄子	2009. 2.14	2017. 2.13	2	57歳
元知事					
滋賀県	嘉田　由紀子	2006. 7.20	2014. 7.19	2	56歳
千葉県	堂本　暁子	2001. 4. 5	2009. 4. 4	2	68歳
熊本県	潮谷　義子	2000. 4.16	2008. 4.15	2	61歳
大阪府	太田　房江	2000. 2. 6	2008. 2. 5	2	48歳
現市長					
仙台市	奥山　恵美子	2009. 8.22	2017. 8.21	2	58歳
三鷹市	清原　慶子	2003. 4.30	2015. 4.29	3	51歳
横浜市	林　文子	2009. 8.30	2017. 8.29	2	63歳
魚沼市	大平　悦子	2008.12.12	2016.12.11	2	52歳
島田市	染谷　絹代	2013. 5.29	2017. 5.28	1	58歳
伊豆の国市	小野　登志子	2013. 4.24	2017. 4.23	1	69歳
鈴鹿市	末松　則子	2011. 5. 1	2015. 4.30	1	40歳
大津市	越　直美	2012. 1.25	2016. 1.24	1	36歳
木津川市	河井　規子	2007. 4.22	2015. 4.21	2	51歳
尼崎市	稲村　和美	2010.12.12	2014.12.11	1	38歳
宝塚市	中川　智子	2009. 4.19	2017. 4.18	2	61歳
倉敷市	伊東　香織	2008. 5.19	2016. 5.18	2	42歳
宇部市	久保田　后子	2009. 7.18	2017. 7.17	2	54歳
安中市	茂木　英子	2014. 4.23	2018. 4.22	1	54歳
高萩市	小田木　真代	2014. 3. 2	2018. 3. 1	1	51歳
現区長					
新宿区	中山　弘子	2002.11.24	2014.11.23	3	57歳
足立区	近藤　やよい	2007. 6.20	2015. 6.19	2	48歳
元市長					
沖縄市	東門　美津子	2006. 5.12	2014. 5.11	2	63歳
常総市	長谷川　典子	2008. 8. 3	2012. 8. 2	1	65歳
所沢市	当麻　よし子	2007.10.30	2011.10.29	1	58歳
蓮田市	樋口　曉子	1998. 5.31	2006. 5.30	2	53歳
白井市	横山　久雅子	2008.12.10	2011. 4. 7	1 *	58歳
国立市	上原　公子	1999. 5. 1	2007. 4.30	2	49歳
多摩市	渡辺　幸子	2002. 4.21	2010. 4.20	2	53歳
平塚市	大蔵　律子	2003. 4.30	2011. 4.29	2	64歳
逗子市	澤　光代	1992.11.11	1994.11.30	1 *	51歳

を選んだ。出直し選挙に出馬したが落選した。

＊神奈川県逗子市の澤光代市長：池子弾薬庫跡地への住宅建設をめぐり受入れ反対派の富野暉一郎市長の後を継いで市長になったが、一九九四年一一月、防衛施設庁長官、神奈川県知事、逗子市長の間に三者合意が成立し、住宅建設を正式に受け入れて辞職した。

＊神奈川県愛川町の森川絹枝町長：公明党公認の愛川町議会議員を五期二〇年務めた後、町初の女性町長になったが、病気療養、復帰の目途が立たず辞任、間もなく死去。

＊京都府野田川町の太田貴美町長：二〇〇六年三月一日、加悦町・岩滝町・野田川町三町が新設合併し与謝野町が誕生し、町長としては失職したが、二〇〇六年四月一九日に初代与謝野町長に当選、二〇一四年四月一五日まで二期務めた。

＊埼玉県大利根町の柿沼トミ子町長：元埼玉県知事特別秘書で周辺自治体との積極的な合併を公約に二〇〇八年三月二三日の町長選挙で当選した。その後、加須市・騎西町・北川辺町とともに一市三町で二〇一〇年三月二三日に合併（新設合併、加須市へ）。合併により失職。

＊長野県清内路村の桜井久江村長：再選後、阿智村との合併を推進し、二〇〇九年三月三〇日、阿智村への編入により失職。その後、長野県教育委員会委員長に就任。

＊三重県大王町の野名澄代町長：定時制高校生議員から志摩郡大王町の町長選挙に立候補し三重県初の女性首長になった。志摩郡五町（浜島町・大王町・志摩町・阿児町・磯部町）が二〇〇四年一〇月一日に新設合併し「志摩市」が誕生し、大王町は廃止となり失職した。その後、志摩市議会議員にな

り、二〇一二年一〇月に議員を辞職して志摩市長選挙に立候補するが落選。二〇一三年に志摩市議会議員に再び当選。
＊滋賀県五個荘町の前田清子町長：二〇〇五年二月一一日、八日市市・永源寺町・愛東町・湖東町と合併して東近江市となり、一期目の途中で失職した。
＊京都府木津町の河井規子町長：木津町議会議員を四期務めた後、木津町長になり、二〇〇七年三月、木津・加茂・山城の三町の新設合併により失職、四月の市長選で初代木津川市長に就任、二〇一一年に無投票で再選された。
＊広島県湯来町の中島正子町長：湯来町は温泉地として知られる広島市の隣町で、一九九九年四月、県内唯一の女性町長になった。広島市のごみ処分場誘致の是非をめぐり長女の箕浦和子氏が誘致反対を訴えて出馬、首長選での異例の親子対決になったが勝利。町長は広島市との合併を推進し、二〇〇五年四月二五日の広島市への編入合併によって二期半ばで失職した。
＊高知県葉山村の吉良史子村長：葉山村総務課長、収入役などを経て、一九九四年に当時全国で唯一の女性村長として初当選。高知県の橋本大二郎知事の副知事就任要請を受け、二期目途中で辞職した。
＊福岡県杷木町の中嶋玲子町長：二〇〇二年には九州初の女性町長となったが、町職員による補助金不正受領事件にからみ国税の還付金を騙し取ったという嫌疑で逮捕。一貫して無実を主張したが（後に逮捕から五三〇日目に無罪確定）、町政の滞りと町政トップの責任を取って勾留中の二〇〇四年

三月に辞職願を提出し退任した。

女性首長の先駆者たち

日本で最初の女性首長は、一九四七年の第一回統一地方選挙で誕生した四名の女性村長であった。沢口フク村長、赤城ヒサ村長、早川ミタ村長、松野友村長である。

秋田県中川村の沢口フクさんは、中川村村長・沢口朝治さんと結婚し、公職追放の夫に代わり村長選に出馬、当選した。村長は一期四年で退き、県議選に出馬し当選。一九五九年まで三期一二年務めている。茨城県上野村の赤城ヒサさんは、戦前に上野村村長であった夫の赤城宗徳さんが一九三七年に衆議院議員に当選したが、公職追放を受け、その最中に行われた統一地方選挙で上野村村長に当選している。千葉県神戸村の早川ミタさんは、千葉県内初の女性首長となった。岐阜県穂積村の松野友さんは、夫の松野幸泰さん（後に岐阜県知事）が穂積村の村長に立候補する予定であったが、公職追放のため出馬できなくなり、代わりに立候補し当選した。松野友さんは、穂積村が一九四八年に穂積町へ町制施行した後も町長を続け、一九九〇年七月に辞任するまで、実に一一期、四三年もの長い間、首長の座にあった。これは女性首長の最長在任の記録である。最初は公職追放の夫の身代わりでも町長としては不動の地位を築いた傑物であった。

二〇一四年一一月一六日に投開票された沖縄県知事選挙では、前那覇市長の翁長雄志さんが当選し、那覇市長選挙では、前那覇市副市長の城間幹子さん（六三歳）が自民・公明推薦の男性候補者を破って当選した。二〇一四年一一月末現在、女性市長は一六人となっている。

さて、最初の女性首長誕生から一〇年後の一九五七年に、茨城県小川町で女性町長が誕生している。一九五六年航空自衛隊の百里基地建設計画発表の際、反自衛隊・反基地闘争のリーダーとなった山西きよさんが町長に当選した。山西町長は用地買収阻止のため一坪地主運動を展開したが、基地賛成派によるリコールが成立したため辞任し、一九五九年の町長選に再出馬したが敗れ、一期で退いた。それから二〇年後の一九七七年一月、福島県棚倉町長に藤田満寿恵さんが東北では初の女性首長となり、一九九六年七月まで、ほぼ五期、町長を務めた。当時、棚倉といえば「女町長の町」として名を馳せたという。女性首長としては松野友さんに次ぐ長期在任の記録である。

◈初の女性市長

最初の女性市長は、芦屋市長となった弁護士の北村春江さん（六三歳）であった。一九九一年四月二一日は、第一三回の統一地方選後半戦の投開票日であった。その芦屋市長選挙は、もつれにもつれた末、土壇場で「波乱」が起きた。自民党、連合兵庫の推薦を受け万全の態勢で臨んでいた現職に対し、無所属の素手で挑んだ弁護士の北村春江さんが立候補し当選したからである。出馬表明から二ヶ月半、一〇〇回を越えたミニ集会、小さな体で休みなく市内すみずみまで歩き回ったエネルギーが、次第に市民のハートをとらえていったという。

春江さんの次男・北村豊（後援会活動、選挙運動を強力に支援する選挙名簿管理ソフト、「桃太郎大作戦」の開発責任者）さんによれば、出馬表明時、春江さんは、「政治の世界」に全く無縁であったこと、投票日二ヶ月半前であったこと、対抗馬が現職の二期目という「最強の相手」であったことなどから、マスコミ各社の評価は「泡沫候補」であったという。しかし、「後援会に新たにご入会して下さった方や、集会等に出席して下さった方に、迅速な『御礼』を差し上げる、同じ家庭に何度も同じ要件の電話をかけることをなくす、各種のご案内を同じ家庭に複数出したりすることを防ぐ」ことなどの小さなことを大切に積み重ねたという。それによって、「確かに当初は、わずかなご支援者からでしたが、やがて多くの有権者の皆様の信任を得られたと思います」と述懐している。「勝つため」には、決して妥協することなく、できうる限りの力をもって無駄なく客観的な情勢分析もとに運動しなければならないと考え、その一手段として桃太郎大作戦を活用したという（開発責任者・北村豊「〝桃太郎大作戦〟はここから始まった!!」株式会社アイモーメント〝桃太郎大作戦〟ＷＥＢサイト）。

この選挙戦術により、阪神・淡路大震災後の一九九五年六月一一日の選挙でも、一九九九年四月二五日の選挙でも当選している。三戦三勝で、三期一二年を全うして退任している。立派は初代女性市長であった。

◆初の女性知事

最初の女性知事は大阪府知事の太田房江さん（当選当時は四八歳）であった。一九七五年東京大学経済学部卒業、通商産業省（現経済産業省）入省、一九九七年岡山県副知事、一九九九年通商産業省大臣官房審議官を経て、二〇〇〇年二月五日に知事に就任した。

二〇〇〇年、横山ノック知事の辞任に伴う知事選挙に自民党・民主党・公明党などの推薦を受け立候補し、男性候補を破り日本初の女性知事となった。続く二〇〇四年の知事選挙では社民党も推薦に加わり、プロ野球解説者や国会議員でもあった江本孟紀さんを破り二期目の当選を果たしている。二〇〇八年、金銭問題が取りざたされ立候補を断念し、任期満了により知事を退任した。選択的夫婦別姓制度を支持し、知事時代には氏名表記は内部的な公文書では戸籍姓の「齊藤」ではなく、旧姓の「太田」を使った。また、大相撲の春場所で優勝力士に贈る大阪府知事賞の贈呈を巡り、女人禁制の土俵に自らが上がりたいとの意向を示したが、日本相撲協会から拒まれている。

太田知事は、初当選後すぐ、大阪府・大阪市における二重行政・二重投資を解消するために大阪府・市を合併させる「大阪都構想」を打ち出した。これには当時の磯村隆文大阪市長が反発し、逆に市の権限を強める「スーパー政令市構想」を主張した。大阪府は二〇〇四年に発表した「大阪都市圏にふさわしい地方自治制度」の中で、「大阪新都」構想を提示した。これは、政令指定都市としての大阪市は残すが、大阪府を廃止して「大阪新都機構」という広域連合に再編するというものであった。これらの提案はいずれも太田知事の在任中には実現しなかった。太田さんは、二〇一三年七月の参議院選挙に自由民主党公認の比例代表候補として出馬し当選を果たした。

◈二人目以降の五人の女性知事

＊太田房江さんとほぼ同時期に熊本県知事になった潮谷義子（当選時、六一歳）さんは、日本社会事業大学卒業後、佐賀県、大分県で社会福祉主事を務め、熊本県の慈愛園乳児ホームの園長になっている。一九九九年、当時の福島譲二熊本県知事から福祉関連政策のブレーンとして副知事に招かれ、

民間登用の女性副知事として注目を浴びた。翌二〇〇〇年二月二五日に福島知事が急死し、後任の県知事に当選した。潮谷県政の大きな問題の一つは川辺川ダム問題であった。福島前知事は建設推進の姿勢を示していたが、潮谷知事は中立的な姿勢を通した。これに県議会自民党の批判が強まり、二〇〇七年一二月六日、「三期目をやれば燃え尽きてしまい、体が持たない」として、二期八年で退任した。二〇〇九年、長崎国際大学の学長に就任している。

＊二〇〇一年四月、堂本暁子さんが、千葉県知事選挙に「市民の党」の応援を受け無所属で出馬し、自民・公明推薦の男性候補や民主・社民・連合千葉推薦の男性候補らを破り、当選を果たした（当選時、六八歳）。東京女子大学卒業後、ＴＢＳに入社し、ジャーナリストとして活躍。一九八九年の参院選では日本社会党公認・比例区で初当選。その後社会党を離党し、新党さきがけに入党し、一九九五年の参院選では新党さきがけ公認・比例区で再選。「特定非営利活動促進法（ＮＰＯ法）」の成立に尽力した。一九九七年、ＵＮＥＰ（国連環境計画）の「環境に貢献した二五人の女性リーダー」に選ばれている。新党さきがけを離党後、参議院クラブを経て無所属の会に入党。千葉県政では、東京湾岸の干潟三番瀬埋立計画を白紙（埋立てについては禁止しない）に戻し、首都圏中央連絡自動車道の建設を推進し、「障害者差別をなくす条例」を成立させた。男女共同参画センター設置関連条例を県議会に提出したが、自民党会派の反対により否決された。しかしその後、「男女共同参画センター」の名称を「ちば県民共生センター」に改め、規模も縮小した上で再度条例案を提出し可決されている。二〇〇五年の知事選では、政党や各種団体の推薦を受けて組織型選挙を展開

し、自民党本部が推薦する森田健作さんを破り再選を果たした。二〇〇九年知事選挙では立候補の意欲を見せたが、結局三選不出馬を表明し、二期八年で退任した。

＊二〇〇三年四月の北海道知事選では高橋はるみさんが当選した（当選時、四九歳）。一橋大学経済学部卒業後、通商産業省（当時）に入省し、二〇〇一年〜二〇〇二年に同省北海道経済産業局長、二〇〇二年〜二〇〇三年に経済産業研修所長を経て、二〇〇三年に退官。通産省での先輩にあたる町村信孝さんの誘いで、二〇〇三年四月の北海道知事選挙に自由民主党・保守新党の推薦と公明党の支持を受けて立候補し、民主党・自由党・社民党が推薦した鉢呂吉雄さんや無所属の伊東秀子さんを破り、知事に就任した。ちなみに、高橋さんの祖父は富山県知事を二期八年務めた高辻武邦さんである。二〇〇四年一一月に胃がん手術のため入院したが、二〇〇七年四月八日の知事選では自民党・公明党の推薦を受けて立候補し、民主党・社民党・新党大地が推薦した荒井聡さんを大差で破り再選された。さらに二〇一一年四月一〇日の知事選で三選を果たした。二〇〇六年一二月に「道州制特別区域における広域行政の推進に関する法律」が成立し、特区制度ながら北海道は道州制の実験に踏み出した。二〇〇八年の主要国首脳会議（サミット・G8）を北海道虻田郡洞爺湖町へ誘致することに成功している。四選へ出馬し、当選を果たした。

＊二〇〇六年の滋賀県知事選の最大の争点となったのは、新幹線新駅、南びわ湖駅予定地問題であった。嘉田由紀子さんは、「もったいない」を合言葉に、新幹線新駅の建設凍結、県内に計画されているダムの凍結・見直し、旧志賀町に予定している廃棄物処分場の建設中止などを公約に出馬し、

自民、公明、民主の三党が推す國松善次前滋賀県知事を破り当選した（当選時、五六歳）。女性学者知事の誕生であった。京都大学農学部を卒業、同大学院農学研究科博士課程を修了し農学博士を授与される。滋賀県立琵琶湖博物館研究顧問、京都精華大学人文学部教授を歴任した。新幹線新駅関連・廃棄物処分場については二〇〇七年度における関係予算をつけないことで、これらの事業を事実上中止した。新駅の凍結をめぐって、森喜朗元首相が、「女の人だな、やっぱり（視野が）狭い」と批判したが、嘉田知事は「女性蔑視（べっし）だと言うのは控えたい。問題の本質は財政問題。男だから、女だからとは無縁」と切り返したと伝えられた。ダム事業の凍結、見直しについては紆《う》余《よ》曲折の展開となった。二〇一〇年七月一一日の知事選では新しい支援団体として「滋賀の未来をひらく会」を発足させ再選を果たした。二〇一二年一一月、新党「日本未来の党」を結成し、小沢一郎さんの「国民の生活が第一」と合流し、同年一二月一六日の総選挙を戦ったが惨敗した。総選挙後、小沢さんとの対立が表面化し、嘉田さんは未来の党を離党し「日本未来の党」を結成した。二〇一二年一二月二六日に党代表と県知事の兼務解消を求める決議が滋賀県議会で可決された。これを受け、二〇一三年一月、党の代表を辞任。二〇一四年五月、正式に知事三選への不出馬を表明し、二期をもって知事を引退した。二〇一四年一〇月、嘉田さんは、びわこ成蹊スポーツ大学の学長に就任している。

＊二〇〇九年二月一四日、山形県知事に吉村美栄子さんが就任した。東北地方では初めての女性知事である。お茶の水女子大学を卒業後、一九七四年から、リクルートに勤務。一九八一年に、行政書

士の資格を取得、一九九八年の山形市総合学習センター勤務後、二〇〇〇年に自宅で行政書士を開業。その後、山形県・山形市の各種委員を務めた。知事選では、当初から政党色を出さない選挙戦を展開し、事前の予想を覆す形で現職の齋藤弘さんを破って当選した。二〇一三年一月一〇日、無投票で再選。山形県内で知事選が無投票となったのは一九五九年に安孫子藤吉さんが再選されて以来で五四年ぶりであった。将来ビジョン「自然と文明が調和した理想郷山形」を掲げて県政を展開中である。

以上、幾人かの女性首長を簡単に紹介したが、どうして、どうして、なかなかの強者《つわもの》揃いである。それぞれに学歴、前職、出馬の経緯、地域事情、選挙戦術、政策展開などが異なっており、一括りに女性首長の特性を指摘することはできないし、また、それはあまり意味がないだろう。いえることは、まだ数は少ないにしても、女だから首長が務まらないなどということはないということである。首長職は女性にも開かれている。

首長選挙の立候補者に居住要件が課せられていないのは、首長としての人材を広く求めることができることを意味しており、候補者は男性に限られない。担ぐ側からみれば、少なくとも当選にこぎつけられそうな人物（玉）でなければならないであろうが、そうした人物が地元にいなければ他所から連れてくることもできる。有望な女性は方々にいるのである。

第14章　知事と外部助言者

二〇〇五年度日本行政学会総会・研究会の第二日目（二〇〇五年五月一五日、四日市大学）共通論題Ⅱ「知事を支える人々─内と外からのアドバイス」において、筆者は、「知事と外部助言者」と題する報告を行った。これに若干の手を加えたものを日本行政学会編『年報行政研究四二』（二〇〇六年五月、ぎょうせい、八八～一〇八頁）に掲載した。その内容は、筆者の体験を基にしたものであり、筆者の「自治体の首長」論の一部を成していると考え、収録しておきたい。なお、報告のときの雰囲気を残すため、ここだけが「です」「ます」の話し言葉になっている。

14 1 はじめに

知事と外部助言者というテーマでお話しします。報告の意図は、企画委員会の意を受けて、この両者の関係の一端を浮き彫りにすることですが、この関係は、当然ながら人と状況によって多様であり、しかも、人的技術をめぐる実技実演の世界に属する事柄であり、外部助言者が、この関係の諸事実を知っていても、それらのすべては公表できませんし、公表するにしても相当のバイアスがかかりもします。これからお話しすることは、一九九二年から二〇〇三年までの一〇年余にわたり埼玉県土屋義彦知事の「アドバイザー」といわれた一人の行政学者・地方自治論者の経験をもとに、若干の抽象化を試みることです。これが、新たな学問的な知を構成できるかどうかわかりません。以下、関係年表をご覧になりながら、お聞きいただければと思います。

2

発端

　知事と外部助言者の関係は、どのような接触・発端を契機にしているかで、その後の関係の枠組みが相当に決まると思います。公選職としての知事には、いろいろな顔がありますが、選挙における知事候補者と、どのような関係を持つかが出発点です。

　私の場合は、まったく偶然な出会い(注1)があり、私が埼玉県民でかつ大学教授であり、しかも地方自治や行政の研究者であることが考慮され、選挙に向けての政策づくりとその後の県政運営を手伝ってほしい旨の依頼が、直接、候補者本人からあったのです。県政・国政を通じて三三年も政治の世界に身をおき、参議院議長も務めた大物政治家ですから、依頼にあっては注意深く私のことを調べたかもしれません。考慮の一つは、私が前知事とは疎遠であったことだと思います(注2)。

　私は、この大物政治家については、それまで特に知りませんでしたし、関心もありませんでした。地元出身の国政政治家たちが出馬を口説いておきながら、自民党副総裁の意向で出馬断念の工作を行い、しかも、その理由が「三権の長経験者が知事選に出るのは不見識ではないか」ということでしたが、知事より参議院議長のほうが偉いといわんばかりの断念工作を新聞等で知って、地方自治論者の私は、その理由のほうが「不見識だ」と感じていました。後に知事から聞いたことですが、当時、「どうしても出るというのなら、選挙資金は自前で用意してくれ、総額一億八千万円だ」ということだったそうです。闇の中にある出馬とカネの関係の一端を垣間見る逸話です。それに怒って、土屋は知事選出馬への「不退転の覚悟」を決めたといいます。

14 3 選挙公約の作成

知事候補者が自治体の政策と行政に関して、素人か経験者か、この違いは大きいと思います。知事候補者が新人で、しかも県政の実務に疎い人の場合は、誰かがその選挙用の政策を準備しなければならないからです。当時は、ごく最近言われるようになったローカルマニフェストという発想はありませんでしたが、選挙では少なくとも三つの文書を、対抗馬を想定して準備しなければなりませんでした。選挙公報掲載文書、テレビの政見放送用原稿、選挙法定ビラの三点セットです。これらが県民への選挙公約になります(注3)。

もちろん、これらの文書に書き込めることは極めて限られています。しかし、そこに盛り込むコンセプトなり文言なりは、有権者へのアピールという点では重要ですし、当選後の県政運営の骨格形成という点でも用意周到でなければなりません。

また、選挙ともなれば、政党筋は言うに及ばず、さまざまなところから個別要望が候補者とその周辺に雪崩れ込んできますし、候補者は、いずれの要望にも「ニコニコ」しがちです。選挙用三点セットは、当選後、政策と行政にまとまりと求心力を持たせるための拠り所になります。これによって雪崩れ込んできた要望を相当程度まで無視することができます。三点セットだけが、正式の公約だからです。この点は、再選、三選といったその後の選挙でも同様でした。ちなみに、再選となれば、その準備は、例えば六月選挙ですと、出馬声明を三月の初めには出しますから、実質的には、この再選出馬声明の文章が選挙公約になっていきます。したがって、出馬声明文の作成から政策の準備にかかることになります。

政策づくりの点で特定候補者の選挙運動にかかわったことは私としては初めてでした。それが、その後の一〇年余の県政運営に対する助言の基礎となりました。選挙前に外部助言者に求められるのは、まず候補者の「人」を見て、次にそれまでの県政をどう継承ないし転換させるかを考え、当選後の県政運営のイメージを構想することです。もちろん、この準備は一人ではできません。四〜五の少人数グループによる作業になりました。

14　4　政権移行期の作業

さて、三点セットの作成は、事の性質上、舞台裏で行われますから、これで外部助言者のかかわりが終われば、候補者にとって安上がりの選挙応援をしたことにとどまります。外部助言者がどのように表舞台に登場し、どんな役割を果たすのかが、次の話題です。そのステージが政権移行期ということになります。

当選後、初登庁までの間は、いわば政権移行期ですから、いくつかの課題に取り組まなければなりません。まず、新知事の登場の場合は、政権交代を劇的に印象付けることが必要になります。それには前知事を象徴する事物を撤去ないし否定することが有効です。埼玉県のケースでは、五期二〇年も続いた「革新県政」の転換でしたから、その象徴であった「憲法を暮らしに生かそう」という県庁舎の垂れ幕を、新知事初登庁の前日に撤去することになりました。また、新知事自身がゴルフをやらないからでもありましたが、前知事が進めていたゴルフ場建設の凍結を宣言することは環境庁長官を歴任した知事としてパブリック・イメージの形成に効果的なものでした。選挙に際しては「環境優先・生活重視」というスローガンを掲げていました。なお、このスローガンは土屋県政を貫く政策基調の一つとなりました。

14-5 最初の職員人事

政権交代により県庁職員、特に幹部職員は、新知事が、どういう人で、どう振る舞うかを不安げに見守っています。前知事に忠勤を励んだ職員は更迭人事の憂き目に遭うと思っているかもしれません。知事交代で幹部職員が固唾を呑んで見守っているのは、何といっても新知事の人事です。この段階での外部助言者の助言で大切なことは、報復人事と思われるような人事異動を行わないように知事に進言することです。例えば「所領安堵といいます。すぐ人事に手をつけないで、よく見極めてから、ゆるりとお考えになったらいかがでしょうか」とでも言うわけです。埼玉県の場合は、当初は特別秘書を一人替えただけでした。これは県庁官僚制の人事を掌握していくコツの一つです。選挙で対立候補のために動いた職員を摘発して報復人事を行う首長が時々いますが、賢明とはいえません。選挙での票集めの能力と行政実務の能力は区別して考えるべきだからです。

移行期には、大急ぎで選挙公約の実現に向かっての県庁内体制を準備する必要があります。現職の知事は、副知事（当時）、出納長（当時）はもとより、規模の大小はありますが、多くの職員を部下として使うことができます。それは、実務機構であると同時に巨大な政策の企画・立案の機構でもあります。その機能をどのように知事に向かって求心化させ、効果的なものにするかが重要になります。取り組まなければならない政策課題（事業）は多く、すでに財源は縮小傾向にありました。政策・組織・管理に関し、見直し・再編は避けられません。そのための手法の一つが、県内外各界の有識者でつくる改革委員会設置の準備でした。

私は、選挙公約で「埼玉臨調」といっていた最初の改革委員会（「二一世紀さいたまづくり懇話会」座長・恒松制治）の座長代理を務めることになりましたが、委員人選が要です。選挙での外部助言者は、その人選についても助言を求められます。自薦、他薦いろいろの働きかけがありますが、新知事の周辺にどのような人物を集めるか、それを通じて改革に対する知事の決意なり意図なりをどう一般に示すかが重要であるからです。改革委員会は新知事に対し建議という意味での助言機能を果たすことになりますが、知事は、外部助言者の意見と知恵を借りることで、前政権の批判を含む見直し作業を行い、権力基盤を固める一歩とすることになりました。

14-6 県政運営における助言者

ところで、県では、五ヵ年計画、中期ビジョン、行財政改革プランといった、県政運営の政策方向を定める文書を作成しますが、いずれも、選挙公約の実現と関係づけられます。その取りまとめに関し、外部助言者の影響は及びますが、ほとんどは県庁の各部門の提案の調整結果といってよいのです。知事外部助言者は常勤ではありませんから、県の行政運営の詳細について知る立場にありません。知事が助言なり建議なりを求めることもありますが、逆に、知事から要請や下問がなくとも、助言者がその判断で、適宜、進言・建策をすることもあるのです。そうした好機は事件が起き、知事がいらだっているときとか怒っているときにやってきます。エピソード風に、そうした例を二つ紹介いたします。

①一九九六年一一月に、彩福祉グループ汚職に関連し、旧厚生省から身分切替えの出向人事で県の老人福祉課に来ていた官僚が逮捕される事件が起き、県庁も強制捜査を受けました。知事は「泥棒を家に飼っていたようなものだ。何で同じ部屋にいて気がつかなかったのか」と激怒し、出向人事は「検討問題だ」と言明しました。私は間髪を入れず、「知事への手紙―中央官僚の県への出向人事の見直し」をしたため、改革を進言しました。(注4) 県の老人福祉課長は二五年間、一一代にわたって厚生省のキャリア官僚が出向していました。長期にわたって同一の管理ポストを継続的に同一省庁の役人が占

めていることを改め、一定のルールの下で行うべきという提言を人事課と練り上げました。その結果、土木部長や財政課長を県生え抜きの職員で充てることを実現することになりました。

②一九九八年まで、経済企画庁は新国民生活指標（豊かさ指標）を五月に公表していました。埼玉県は六年連続最下位でした。従来、埼玉県は「ダ埼玉」と呼ばれていました。この蔑称はいたく埼玉県人の心を傷つけるものでした。知事は、「住みにくければ外から人は来ない、調査をやめるべきだ」と激怒しました。外部助言者としては「是非、やめてもらいましょう」が進言でした。経済企画庁は平成一一年度からやめました。大物知事の発言力を示すことになりました。ちなみに、一九四七年に二〇九万の県人口は、六〇年代は一四〇万人、七〇年代は一六〇万人、八〇年代は一〇〇万人と、それぞれ増え、七〇〇万人を突破したのは二〇〇四年八月でした。しかも、「埼玉都民」といわれる都内通勤者が一日約一一五万人です。人口急増で住環境の整備は確かに追いつきませんでした。だからこそ「彩の国さいたまづくり」といってがんばっているのに、この指標は冷水を浴びせるものだ、と映ったのです。

14 7 県庁官僚制への対策

さて、外部助言者の役割の一つは、県庁官僚制の縦割り・蛸壺《たこつぼ》的な意識と行動をいかに知事主導型に転換させるかです。変化著しい改革の時代にあって、職員の意識を含め県庁の内部改革は避けがたく、何をどのように立案し実行していくかは、どこの県でも大きな課題になっていました。知事から見れば、内部改革には、歯がゆいくらいに時間と手間がかかり、ときには苛立ちます。埼玉県庁のように大規模な階統型組織では、もともと意思形成に一定の手順がありますし、自己判断による責任問題が発生することを嫌う職員気質からすれば、知事が期待するような対応が迅速・的確に出てくることはむしろ稀なのです。

そこで、外部助言者としての県庁官僚制への対策は激励と脅しということになります。現状変更の契機には、外圧と事故・不祥事と先見の明とがあるといわれていますが、私の経験では、政策形成でも行政運営でも、県庁官僚制の実効的な改革は、官僚制内部に発する、特に担当幹部職員の積極的なコミットメントが決め手だと思います。行財政運営の変更が職員意識を含むシステム改革にならざるをえない場合には、外部助言者は、まず担当職員との話し合いを密にし、担当部門が実行に移せる改革内容をぎりぎりまで詰めさせ、その骨子を外部助言者から知事に進言し、知事から担当職員に指示してもらうのが実効的でした。

したがって、守旧意識の強い、やる気のない担当課長では、改革案の立案は進みませんから、担当者を代えてもらうしかありません。埼玉県に限りませんが、今までの自治体の行財政改革を手伝ってきて、時々そういう事態に直面しました。いずれも、それとなく、あるいはあからさまに首長に人事更迭の必要性を伝えることになります。職員の間では、こうした人事はすぐ伝わりますから、新任課長は頑張り、改革の実績をあげることになります。県立病院改革はそうした例でした。

知事が権力であることを端的に表すものは人事権の行使です。また、人事にこそ知事は自分が権力者である実感を持ちます。したがって、知事は、人事課長の人事は自分の意向で必ず決めたいものです。いうまでもなく、県庁の職員人事の実態は外からはなかなか窺い知れません。

幹部職員の傾向の一つは、現職知事へのコミットメントの強さにもよりますが、ちょっとした知事の発言に敏感に反応することです。ときには、真意を忖度《そんたく》して対応を考えたりします。その意味では、知事たる者が思いつきを公言するのは困りものです。しかし、知事の言及が本気だとすれば、すぐ対応しなければ怒られますから、対策が講じられます。

脅しというのは穏当ではないかもしれませんが、外部助言者からどうみても、改革推進の必要があるのに、担当部門が渋って動かない場合があります。「これほどいっても、あなた方が動かないならば、私が改革案を考えて知事に進言し、知事から指示してもらうけれども、いいですね」と啖呵《たんか》を切るのです。例えば部下からの評価も加味した管理職の実績・能力評価のような人事システムの改革はその例でした。自分たちが関与しない内容が押しつけられるのは一種の屈辱ですし、下手をすると職務怠慢のそしりを知事から受けるかもしれない懸念が生まれます。その怯えにつけ込むことになります。こんな脅しは学者・研究者にあるまじき所業といわれそうですが、外部助言者を引き受け県庁官僚制のモビリティに直面すると、こういう嫌なことも言わざるをえないこともあるのです。

政策や制度の点検・改廃は、基本的には、それぞれ所管部門の役割ですが、外部助言者が知事へ政策提案を行う手法の一つは、しかるべき課長級職員を世話役にして五、六人の少人数からなる政策調査研究グループの設置を知事の了解のもとで認めてもらい、そこでの検討結果を知事に直接報告するというやり方です。これは、部下をもたず庁内事情にうとい外部助言者が政策課題とそれに関する情報を入手するのに役立ちます。しかし、職員からはあまり歓迎はされなかったかもしれません。参加者の人選はいわば一本釣りですし、庁内でのうわさ・評判も気になりますから参加を要請された職員にとっては、どんなメリットがあるのか訝《いぶか》られもするからです。しかし、実際に組織横断的な課題の発見と見直しのための政策提案につなげることができたという点ではそれなりに有効でした。(注5)

なお、行財政改革は不可避でしたが、公選知事は、各種団体や県民から反発の強い、ある種の施設や事業の廃止提案については慎重です。選挙モードに入れば、そうした改革は正面から退きやすいものです。だからこそ、嫌がられても助言を繰り返す必要があります。(注6)

14-8 知事と外部助言者の関係

知事は権力の座につき、権勢の人になります。あわよくば権力運用のおこぼれに与りたいという下心で知事に近づいてくる人はいるものです。しかも、権力の運用が、時にとてつもない利権を生むことがわかりますから、本人も資産形成の誘惑に駆られやすいのです。したがって、知事自身とその周辺がいかに清潔であるか、要注意です。しかし、外部助言者は、選挙資金を含め金の流れに関与することはできません。それに関与しその実際を知るのは身内か、身内同様の友人ということになります。

したがって、カネにまつわる醜聞が出てきたらすぐ縁を切るということにしておかなければなりません。最初の選挙公約から「清潔で開かれた県政の実現」を言い続けてもらった理由もここにあります。

もう一つ、知事本人は、気をつけているつもりでも、知事職を続けていると、その権限の大きさが、あたかも自分の器量の大きさのような錯覚に陥りやすいものです。それに追従を言う職員に取り巻かれますと、権力におごり、裸の王様になりやすいのです。幹部職員の中に追従の同調競争が起これば、その知事は末期現象ですから、助言者としてはとどまる理由はなくなります。

その対策の一つは、知事に入る情報を取巻き職員ないし庁内の階層ルートに限定させず、知事自身が現地現場に赴き、生の事態、生の情報に接してもらうことです。私の場合、知事との約束は「現場主義の遵守」でした。それはまた、現職知事の「権力の現前性」（プレゼンス）をアピールする機会にもなったと思います。知事の現場主義には、若干の留保が必要です。一つは、センスがよければ問題や改善策を知事自ら考えつきますから、せわしなく次々と課題が出てきて、逆に職員の自発性をそいでしまうことがあることです。もう一つは、現地現場に出て多くの県民に直に会い、感謝や激励をうけますと、その分、動きの鈍い県庁職員に対してむやみに厳しくなったりすることです。しばしば、職員から見れば知事の振舞い方は恣意的に映るのです。

知事と助言者の関係は、人的技術、すなわち人を動かす技にかかわっています。動かすのですから、なんらかの意図が存在しています。人を動かす関係には、類型としていえば、「説得」「権威」「操作」「強制」の四つがありますが、まず「強制」はありません。それに近い脅しは相手の怯えと対になっていますから、例えば、外部助言者がライバルになる可能性が必要ですし、権力の座についている者が、そんな危険な助言者は近づけません。あるとすれば仲違いで、重大な内部情報を持って去っていこうとする外部助言者の場合でしょう。

「操作」はどうか。これは、こちら側の意図に気づかせないで相手を動かすという心理的操縦ですし、知事が相当に愚鈍な場合ですから、まずはありません。この点では、かのマキアヴェッリの名言が思い出されます。マキアヴェッリは、「君主はつねに他人の意見を求めなければならないが、それは自分から求めるときにのみ限り、他人から押しつけられてはならぬ」とも「善き助言は君主の思慮分別から生まれ、君主の思慮分別はけっして善き助言から生まれない」とも言っています。(注7)

ただし、権力の座にいる者の弱点は、ほめ言葉や追従に眼がくらむことですから、操作できないことはないのですが、野心のない誇り高い外部助言者なら、そのような「はしたないこと」はしないものです。むしろ、県庁職員からはまず言えないことをこそ外部助言者は言わなければなりません。ここでも二つエピソードをご紹介しましょう。

①私がアドバイザーをしていた間に、大きな話題になった事業の一つに、六万人収容のサッカースタジアムの建設がありました。二〇〇二年ワールドカップの試合場になることを想定しての「埼玉スタジアム二〇〇二」です。総工費三五六億円で、維持費が年七億円かかるというしろものです。私は、県の財政事情からしても相当の支出になるし、世界試合の後の運営の見通しに関してしっかりしたアセスメントもせずに建設計画を決定しまうことを強く懸念していました。当時、多忙で、しかも外部

の人間である私は、いつ知事が正式に建設決定をするのか承知していませんでした。偶然、決定に踏み切るといわれた前日にそれを知り、大急ぎで、県庁に出向き、知事に面会を求め「慎重を期すべきです」と進言しました。すでに、決定を決意していた知事は、その夕刻の会議で某国立大学教授から注意があったこと、また翌朝の庁議では私の名前を挙げて、注意があった旨を披露し、「ご心配が無にならないようにするため、すばらしい球場と運営にするように」と指示したといいます。現職中、知事の意向に正面から反対したのは、私の記憶ではこれのみだったと思います。

知事は、埼玉スタジアムについて、建設予定の県営サッカースタジアムの観客収容規模を計画通り六万で行くか、四万に縮小するか、はたまたやめてしまうか、悩んだといいます。「妻や娘の品子（代議士）からは『お父さん、スタジアムなんか造ったら次の選挙で落ちちゃうわよ』、なんて言われて。本当に悩みましたね。でもね、やっぱり子どもたちに大きな夢と希望を与えたかった」と述懐しています(注8)。

②外部助言者は、個別の職員の人事に口を出してはいけません。しかし、たまたまある職員が一度でも実務処理で知事の怒りを買いますと、その後の人事では不利になりやすいものです。その職員の人事処遇に当たっては人事課も副知事等も知事の気持ちを忖度しやすいのです。「一度ぐらいのミスがあっても、ああいう意欲があり有能な職員を冷遇しておくのはいかがなものでしょうか」といえるのは外部助言者だからです。

さて、知事と外部助言者の関係で「権威」はどうか。これは知事が外部助言者を全面的に信頼し、大まかな了解の下で、「よろしく頼む」という関係で成り立ちます。私の場合、行政情報公開制度の懇話会の座長やその後の情報公開審査会の会長は、そうした例だったと思います。しかし、これはほとんど「説得」と融合しているのが実際です。

「説得」は、知事に対し、なぜしかじかの言動をとっていただきたいか、その事情や理由を話し、知事が理解、了解して意思決定してもらうことです。身辺が常に忙しい知事職ですから、説得といっても、じっくり時間をかけ、話し合うことは難しい。ですから、例えばＡ４判一枚に要点を書いて、長くとも一五分ほどで説明を済ませなければなりません。その際の知事の表情や発言により修正の必要性を見抜くことになります。

審議会などの委員構成に「学識経験者」という奇妙なカテゴリーがありますが、知事の外部助言者が同時に「学識経験者」として、公式の審議会等のメンバーになりますと、そこでの検討事項の審議には知事の意向が反映しやすいといえます。知事が直接命じがたいような場合が特に有効です。県立大学の新たなあり方の検討とか競馬事業の経営改善の検討がそうした例だったと思います。

知事に限りませんが、権力者の心理は、他人・世間の耳目を自分に集中させ、自分が主役・主人公でいたいという自己顕示欲です。その証拠の一つは、知事が引き受けている団体役職の多さです。現職の知事は、対外的には自治体を代表することもあり、とても一身ではこなし得ないぐらいの数の肩書きをもっています。埼玉県知事の場合は、三期目の末に不本意な辞任となりましたが、その任期途中の辞任で期せずして明らかになったことの一つは、その肩書きの多さでした。知事の団体役職は計二七八で、あて職が一七六、任意職が一〇二でした。その中には全国知事会の会長職も含まれていました。肩書きとの関係で知事は挨拶する機会が多いのですが、挨拶文は通常は関係所管課で準備しますので一般に無難で面白みに欠けます。挨拶には知事らしい言葉・アドリブがほしいものです。

知事との関係で善き外部助言者の条件は何か。端的にいえば、利権や野心がないこと、ライバルにならないこと、見返りを求めない・おねだりをしないこと、裏切らないことだと思います。どうしてか。それは、権力の座にある知事との関係をいつでも断ち切れるようにしておく必要があるからです。外部助言者が、金銭的報酬や役職として実利を求めるようでは、知事との間で信頼関係を築くことはできません(注9)。権力の座にある知事と外部助言者の関係は、微妙で壊れやすいものです。

信頼関係がなければ知事と必要なときに直接会うことは難しいのです。知事秘書室はスケジュール管理の都合上、アポイントメントのない訪問を嫌がります。予約をとらずに出かけていって会うためには、公式記録には残らない知事私用の携帯電話への連絡ができなければなりません。

助言者は知事の部下ではありません。その関係は、互いの立場を尊重しあうパートナーシップに近いといえます。振り返ってみて大事なことは、助言者は、知事にとって「何者かではある」のですが、節度を超えて、その「何者かである」ことをもって知事に代わりうると錯覚してはならないことです。私の場合、自分が知事の助言者であり続けたのはなぜであったのか、自分でも判然としません。単なるお人好しだったかもしれませんし、わが埼玉県に少しでも貢献したいという公共心からだったかもしれません。あるいは権力の素顔を垣間見みたいという好奇心からだったかも、知事という権力を通して、ささやかでも権力の運用に関与したいという欲望に発していたからかもしれません。いずれにしても、知事への助言によって政策や仕組みの形となって可能なことが現に行われることに立ち会うという貴重な体験をしたことは確かだったように思います。

小さなエピソードになりますが、私が、当選当時の知事の賛同を得て実現したことの一つは、県庁の「地方課」を「市町村課」に改称することでした。市町村と対等であるはずの県が、国のように市町村を「地方」と呼んでいるなど正体不明であるからです。こんなことは知事にとってはどうでもいいことかもしれませんが、私が全国の府県に赴くたびに、地方課の改称を知事等に勧めえたのは、知事の決定による埼玉県での実行があったからです。分権改革主義者というか地方自治論者としての意地みたいなものです。

土屋知事は、高齢批判のある中で、三期末に、「死ぬまでと思っていたけど、方針を変えてね。死んでも埼玉県知事をやろうと県民に訴えています。万雷の拍手ですね。そのくらいの勢いがなかったらできませんよ」と言っていました。いかに大物知事でも「危ない」発言でした。このような「豪語」を聞いたら、政変好きのマスコミは現職知事の追い落としを考えるでしょうからです。

一定の約束と信頼関係で付き合ってきた知事が、いきさつが何であれ、その職を去れば、外部助言者もまた去るのが当然です。それは、出処進退の潔さというよりも、知事周辺にいた助言者の新知事に対する礼儀です。しかも、助言者は知の商人ではありません。私の場合は、新知事登庁を待たずに、すべての役職を辞任する旨を伝え、県政との関係を絶ち切りました。これで報告を終わります。

（注1）土屋氏は、国会議員としては安倍（晋太郎）派に属し、派閥所属議員の子どもが結婚する場合は安倍会長が仲人をすることが慣例となっていた。たまたま機縁があって、そうした結婚披露宴で私は土屋氏と隣合わせた。そのことを覚えていたのかもしれない。土屋氏から電話で「会いたい。自分は長く国政にいたので県の政策に疎い、手伝ってくれないか」という要請があったのである。

（注2）前知事は、「革新」の畑和氏であった。畑県政は、一九七二年五月一日以来、五期二〇年続いた。私は、その第一期目の当初、県庁組織改革を手伝ったが間もなく離れた。

（注3）最も意を用いたのはテレビの政見放送用原稿の作成とその予行練習であった。以下は、実際に放送した政見である。政見放送は、公職選挙法に基づき、時間ぴったりに語り尽さなければならない。収録の後は一切編集ができないからである。土屋氏にはホテルの部屋に缶詰になり、巻紙を回し、何度も練習をしてもらった。

「このたび、埼玉県知事選挙に立候補いたしました、土屋義彦でございます。私は、まず県会議員として六年間、国会議員として二七年間、務めさせていただきました。これもひとえに、いたらぬ私を政治家として育ててくださった、県民の皆さんの暖かい、ご支援のたまものと、心から厚く御礼を申し上げます。

私の立候補について、参議院議長まで務めたものが知事選挙に出るのはどうか、と言ったようなご意見もございましたが、しかし、私は決してそうは思いません。なぜなら、「政治の原点は地方自治にある」と信ずるからです。むしろ、長年、国政に携わったものが、知事や市長になって地方をもり立ててこそ、すばらしい国づくりができるのです。これこそ、地方自治に新たな歴史の一ページを開くものと確信いたします。

私たちの埼玉は、歴史・文化・人材も豊かであり、首都圏の中で、最も発展の可能性に満ちた県でございます。しかし、政府の白書では生活の豊かさが最も低い県だと言われております。そんなはずはないという気もいたしますが、道路や下水道など暮らしの環境は、どうみても十分とは言えません。また、サラリーマンの方々は、毎日、通勤ラッシュで大変なご苦労をされています。このように、改善すべきことは山のようにあります。

現在の停滞は、埼王の危機と言えます。私、土屋義彦はこの危機を克服し、「日本一のふるさと」と呼べるすばらしい埼玉をつくろうと決心いたしました。

県民の皆さん、ご承知のように、世界初の地球環境サミットが開かれています。今や「環境を語らずして政治はできない時代」と言えます。私は、大平内閣のとき、環境庁長官を務めました。それ以来、「環境の土屋」と呼ばれ、環境問題に真正面から取り組んできました。私は、これまで世界七十数ケ国を訪れましたが、そのたびに、環境問題に取り組む各国の真剣な姿勢を、この目で見てまいりました。私たちの暮らす埼玉県においても、人と自然、人ともの、人と人との関係すべてが、広い意味で環境問題と言えましょう。そこで、私は、環境優先・生活重視の政策を皆さんにお約束したいと思います。

まず、「三つの緊急プラン」の実行です。第一に、道路、下水道などの整備を強力にスピードアップします。第二に、通勤・通学難を緩和して、フットワークのよい快適な通勤を実現します。第三に、人と環境にやさしい「リサイクル県づくり」を進めます。

この緊急プランと並んで、水と緑、うるおいにあふれた「埼玉ロマン県構想」を推進してまいりたいと思います。このような、政策を進めるに当たっては、何よりもまず、停滞している現在の埼玉県政を改革する必要があります。そのために、広く県民の皆様のご意見をいただきながら、埼玉県の行財政の在り方を見直す「埼玉臨調」を設置いたします。県民の皆さんが、額に汗して働いて納めていただいた貴重な税金を無駄づかいすることがあってはなりません。また、一党一派にかたよることなく、公正で清潔な県政を実現するためは、ぜひ、皆さんお一人お一人に、県政の監視役になっていただかなければなりません。

私も県内をこまめに歩き、一人でも多くの県民の皆さんの声をお聞きする、現場主義に徹したいと思います。そして、皆さんに最も身近な市町村と、県との緊密な協力関係を作り上げて行きたいと思います。埼玉には現在、九二の市町村があります。私は、この九二の九と二をとって、埼玉の新しい「くにづくり」と呼びたいと思います。いま、地方に新しい風が吹き始めています。私、土屋義彦は、権力におごらず、明るい、ひまわりのような県政を実現することをお約束いたします。県民の皆さん、二一世紀に向かって夢のもてる、さわやかな埼玉県を、共につくろうではありませんか。皆さんの力強いご支援をお願いいたします。ありがとうございました。」

（注4）「知事への手紙—中央官僚の県への出向人事の見直し」とは、以下の文章である。

「この度の埼玉県における厚生官僚の不祥事をきっかけに、中央官僚の県への出向のあり方を見直す必要があるという世論が強まっています。知事さんも、県議会で「同一ポストに長期間受け入れるケースなどについては、個別に必要性を検討し、その廃止を含め全庁的に見直したい」と答弁されています。また、一二月二〇日に総理に提出された地方分権推進委員会第一次勧告の中でも、「これまでの人事交流の問題点を踏まえる」と穏当な表現ながら指摘し、非対称的で継続的な国からの出向人事のあり方を検討し、来年の勧告にその具体策を盛り込むことになっています。さらに、自治大臣も、自治省官僚の継続的な出向人事について見直す旨の発言をしています。そこで、この機会を逃さず、全国知事会会長という要職にもあります知事として、是非とも、別紙（「知事への手紙—中央官僚の県への出向人事の見直し」）のような具体的検討を内々に人事課長に指示していただければと考え、僭越ながら、お願いに上がりました。もし、わが埼玉県から、国からの出向人事について新たな準則が示され、それが実行に移されますならば、地方分権推進への大きな貢献をなすことは間違いなく、また分権知事の名声は必ずや高まると思います。知事さんの英断をお願いいたしたく存じます。平成八年一二月二四日」

（注5）例えば「政令指定都市移行に伴う影響等について」とか「分権型県土構造のあり方」といった調査研究である。

（注6）例えば、埼玉県には県立幼稚園があり、その廃止は行政改革委員会レベルでも担当課でも決まっていたが、関係者の陳情があると知事の決心が鈍る。「知事、この程度のことができなければ他の廃止はとてもできません。直接陳情団にお会いにならないで下さい」と苦言を呈した。

（注7）マキアヴェッリ『君主論』（黒田正利訳、岩波文庫、昭和三四年）一四八～一八九頁。

（注8）『埼玉新聞』（二〇〇二年四月二六日付）「スタジアムから〝夢〟発信」を参照。

（注9）私が知事に唯一つ「お願い事」をしたのは自治体学会事務局の件であった。一九八六年六月に設立された自治体学会の事務局は神奈川県に置かれていたが、それを「自治体学会事務局は埼玉県にも役立つもの」といって、一九九六年四月から埼玉県に引き受けてもらった。

表14―1　関係年表

年	月・　埼玉県のあゆみ	埼玉県における委員歴等
1991年	10・日高町が市制施行（県内42番目）。県人口650万人を超える。 11・さいたま新都心事業、着工式。	
1992年	4・国土庁等、埼玉中枢都市圏業務核都市基本構想を承認。 6・県知事選挙で土屋義彦氏が90.7万票で当選（第54代知事)。7・13登庁。 8・県、中小企業に対する不況対策緊急融資制度を創設。 9・県、職員の完全週休2日制、学校週5日制を実施。 ・協和埼玉銀行、あさひ銀行（現埼玉りそな銀行）と改称。 10・県教委、公立中学校で実施されている業者テスト結果を私立高校へ提供しないよう指導。 11・「地球の環境を守る埼玉県民憲章」を発表。県の愛称、「彩（さい）の国」に決定（11・14県民の日)。 ・東京外郭環状道路の県内部分（三郷～和光）開通。 ・第1回21世紀さいたまづくり懇話会を開催。	1992年10月～1994年1月 ①21世紀さいたまづくり懇話会委員（座長代理)、②同懇話会行財政部会委員（部会長）③同懇話会21世紀部会委員（部会長）
1993年	1・W杯サッカー大会の開催候補地に本県が選出される。 3・「さいたま新都心中枢・中核施設整備大綱」を発表。 4・所沢航空発祥記念館（所沢市）開館。 県、公文書の用紙規格をA判に変更。 5・天皇・皇后両陛下が地方事情視察のため御来県。 ・駒場競技場（現さいたま市）で、初のJリーグ公式戦を開催。 6・国の行政機関の「集団的移転にかかわる官庁施設整備の基本計画」を発表。 8・県平和資料館（東松山市）開館。 全国高校総合文化祭、埼玉大会を開催。 平成4年度の県税決算額、17年ぶりに減収。 10・合角ダム（吉田町・小鹿野町）の定礎式を挙行。 11・埼玉県エイズ対策大綱を発表。 戦後最悪といわれる不作で米不足深刻化。 ・彩の国キャンペーンマークを決定。 ・「さいたま YOU And I プラン」を改定。 12・「コメ開放」の決定に農業団体が反対行動を展開。	①「彩の国・さいたま」の新たなる発展を目指して―緊急提言―（2月）②行政の総合的な見直しについて―緊急提言―（5年1月）

1994年	1・「環境優先・生活重視」、「埼玉の新しい92（くに）づくり」を基本理念とした埼玉県5か年計画を発表。 3・「埼玉県高齢者保健福祉計画（彩の国ゴールドプラン」を発表。 ・「さいたま新都心中枢・中核施設整備基本計画」を発表。 ・「障害者対策に関する埼玉県長期計画」がまとまる。 ・「埼玉国際化基本指針」を策定。 4・県、発注工事に一般競争入札を導入。 県、小原循環器病センター（現循環器・呼吸器病センター）（江南町）開設。 6・第59回国体の主会場が熊谷市に決定。 アジア・太平洋環境会議（エコ・アジア'94）を開催。 ・環境調和—地域開放型の新テクノグリーン構想を策定。 7・彩の国情報ネットワークが始動。 8・秩父で県内観測史上最高の39.3度を記録。 9・雁坂トンネル（国道140号）の本坑が貫通。 10・個人情報保護条例が施行。 ・彩の国さいたま芸術劇場（現さいたま市）開館。 11・県組織検討委員会が検討結果を発表。 12・彩の国埼玉政令指定都市推進協議会を設立。 ・県議会議員の定数が95名となる。	③「彩の国・さいたま」の新たなる発展を目指して—基本提言—（1月）
1995年	1・阪神・淡路大震災に、県内各界から救援活動が行われる。 3・県、「埼玉県福祉のまちづくり条例」を制定。 4・県、副知事3人制となる（初の女性副知事・坂東眞理子氏登用）。 5・県、行政監察員を初めて民間から公募。 7・さいたま緑の森博物館（入間市）開館。 埼玉高速鉄道線（東京7号線）起工式。 8・県税収入、3年連続の減・歳出は3.6%の伸び。 9・川越・熊谷・春日部にパスポートセンター支所を開設。 ・「第1回さいたま新都心資源循環型都市形成協議会」を開催。 ・県、「太平記絵巻」第6巻を購入。 10・県、「第3回気候変動に関する世界自治体サミット（埼玉サミット）」を開催。 11・丸木位里・俊夫夫妻に県民栄誉賞を贈呈。	1995年5月～2003年3月 彩の国の行政を考える懇話会委員（座長代理） 「埼玉県行財政改革大綱（1996年3月策定）」及び「埼玉県新行財政改革大綱（1999年3月策定）」への助言

1996年	2・宇宙飛行士・若田光一さんに県民栄誉賞を贈呈。 3・県央道（鶴ヶ島～青梅間）部分開通。 4・県、世界女性みらい会議を開催。 5・全国初の総合的援助組織・彩の国レスキュー隊が発足。 6・土屋義彦知事が再選（圧勝120万票）。 さいたま緑のトラスト基金、武蔵嵐山渓谷周辺樹林地と飯能河原周辺河岸緑地を取得。 7・病原性大腸菌O-157、猛威をふるう。 水不足が深刻化。取水制限、一時は30%に。 10・東京への通勤・通学者の利便を図る情報センター新宿を開設。 11・土屋義彦知事。全国知事会会長に選任（1期）。 11・18　彩福祉グループ汚職事件。 12・県人口6,759,311人。増加率5.5%（平7国勢調査） ・県の伝統的手工芸品、インターネットで紹介。	7月～9月　福祉県民憲章検討懇話会委員（会長）「福祉県民憲章の制定についての提言（9月）」
1997年	1・さいたまアリーナ、起工式。 埼玉県長期ビジョンを策定。 ・全国初、さいたま新都心にバリアフリー都市宣言。 2・県、食糧費支出関係文書を原則として全面公開に。 4・「統計からみた埼玉県の地位」、1所帯当たりの消費支出が全国1位に。 5・県、通勤・通学者を対象にミニコミ誌「Hanako さいたま」を発刊。 ・県、「Hot な地球を救うホットな行動プラン「彩の国ローカルアジェンダ21」を発表。 8・県立さいたま川の博物館(寄居町)開館。 9・平6～8年度に約22億7千万円の不適正支出が判明。 10・情報公開制度、県の全機関が公開窓口に。 ・県立近代美術館、シャガール「二つの花束」購入。 11・さいたま文学館（桶川市）開館。	1997年4月～1999年3月 彩の国の行政を考える懇話会委員・会長 1999年7月～1998年3月 外郭団体見直しアドバイザー
1998年	2・埼玉県新5ヵ年計画を発表。 3・埼玉県青少年非行防止対策緊急会議を開催。 ・県、「彩の国障害者プラン―バリアフリー社会を目指して」を発表。 4・埼玉県職員倫理規程を施行。 ・県庁ＬＡＮ、本庁部分が稼働。 ・雁坂トンネル（大滝村）開通。	

1998年	5・県庁。時差通勤の試行始まる。 県、「さいたまレッドデータブック（植物編）」発表。 ・「埼玉県総合経済対策」を決定。 7・県、ダイオキシン類環境実態調査（平9年度）発表。 ・「彩の国アーチスト育成事業」始まる。 10・県、全記者発表資料をインターネットホームページに掲載（全国初）。 11・浦山発電所（秩父市）、運転開始。 県、税収確保緊急特別対策を実施。	
1999年	2・県、テレビ報道に端を発するダイオキシン問題に緊急対応。 ・県、IS014001の認証を取得。 3・埼玉県分権推進計画を発表。 ・県、セクシュアル・ハラスメント防止対策要綱まとまる。 4・県、「目標による行政運営」を試行。 ・埼玉県立大学（越谷市）が開学。 6・土屋義彦知事、全国知事会会長に選任（2期）。 7・県、旅券の日曜日交付を試行。 雁坂トンネル有料道路の通行車両、100万台超える。 8・2002年ワールドカップ準決勝戦、本県開催が決定 10・「埼玉県行財政改革プラン」を策定。 11・合角ダム（吉田町・小鹿野町）竣工。 12・コンピュータ2000年問題、当日600人が職場待機。	1999年6月～2000年3月 埼玉県行政情報公開制度懇話会委員（座長）「行政情報公開制度のよりふさわしい在り方について（2000年3月）」を提言 1999年7月～2003年度 彩の国行政アドバイザー 10月には「埼玉県行財政改革プラン」への助言 1999年10月～2003年10月 埼玉県介護保険審査会委員（会長）
2000年	1・県、「野菜等のダイオキシン類濃度全県調査」発表。 3・さいたま新都心駅等、竣工式典を開催。 4・埼玉県男女共同参画推進条例を施行。 県環境科学国際センター（騎西町）開設。 5・さいたま新都心街びらき記念式典を開催。 6・土屋義彦知事が3選（218.5万票）。 県、O-157検査ミスを正式に認め謝罪。 7・県、県外検査出張の全庁的調査まとまる。 8・県立病院改革提言まとまる。 9・さいたまスーパーアリーナ、開設。 10・埼玉県情報技術（IT）活用総合対策まとまる。 11・第38回技術五輪全国大会、県内3会場で開催。 12・県税収入確保のため、休日納税相談窓口を開設。	2000年1月～2001年3月 埼玉県立病院改革推進委員会委員 「埼玉県立病院改革推進委員会報告書（2001年3月）」を提言 10月には「埼玉県の行財政改革への提言」を提出 2000年12月～2001年3月 埼玉県市町村合併推進要綱検討委員会・委員長

2001年	1・県、「彩の国環境クリーン作戦2001」を開始。 ・県、職員の処分について公表基準を策定。 3・埼玉高速鉄道（赤羽岩淵～浦和美園間）開業。 ・県、「埼玉県電子県庁構築基本方針」を策定。 4・県、「職員の再任用に関する条例」施行。県、彩の国すこやかプラザ（さいたま市）を開設。 5・県内初の100万都市、さいたま市誕生。 7・第59回埼玉国体、平成16年に開催決定。 9・県、埼玉県牛海綿状脳症（BSE）対策委員会を設置。 ・県、新たな5ヵ年計画大綱を発表。 10　埼玉スタジアム2002が開設。 ・さいたまスーパーアリーナ、グッドデザイン賞受賞。 12・県、緊急雇用対策に144億円計上。 ・総務部幹部職員、県税の特別徴収対策に取り組む。	「埼玉県市町村合併推進要綱（平成13年3月）」の策定に助言 2001年1月～2003年3月 埼玉県政策評価委員会・会長 「埼玉県政策評価委員会報告書（2002年2月）」を提言 2001年4月～2003年9月 埼玉県情報公開審査会委員（会長） 2001年5月～2002年3月 浦和競馬検討委員会・委員長代理「浦和競馬検討委員会提言（2002年3月）」
2002年	1・県、高齢者交通安全検討会議を開催（交通事故死3割は高齢者）。 2・県雇用・中小企業対策第2弾、2,400人の安定雇用を目指す。 4・環境科学国際センターと埼玉大学が、連携大学院を開設。 ・県、ホームページからインターネットで公文書の開示請求を開設。 ・県立4病院に地方公営企業法を全部適用。 ・県、男女共同参画推進センター（さいたま市）開設。 6・2002年 FIFA ワールドカップTM、埼玉スタジアムで4試合を開催。 8・埼玉県の人口、700万人を突破。 9・鴻巣フラワーセンターを開設。 10・700万人突破記念「彩の国パワーフェスティバル」（さいたま市）開催。 ・県、農薬取締り職員を増員。 11・県、彩の国資源循環工場運営協定を締結。 12・県、初の県民向け市場公募債「彩の国みらい債」を発行。	
2003年	1・県、11月1日を「彩の国教育の日」として制定。 2・SKIP シティ街びらき式典を開催。 ・県、「土砂の排出、たい積等の規制に関する条例」を施行。 3・本庄新都心土地区画整理事業の都市計画決定。	2003年1月～埼玉県立大学の新たなあり方検討委員会委員（会長代理） 2003年6月～同年9月 埼玉県行財政改革懇話会委員（座長） 第1回懇話会のみ開催。

	7・10　政治資金規正法違反で知事長女逮捕、7・11　知事室・公館・自宅家宅捜査、7・18　知事正式辞職。 8・31　知事選、民主党上田清司氏当選（77万票）	
		9・1埼玉県情報公開審査会委員（会長）、埼玉県介護保険審査会委員（会長）、埼玉県行財政改革懇話会委員（座長）を辞職。

「埼玉県のあゆみ」は、主として埼玉県総合政策部人事課編「埼玉県職員研修ハンドブック」（2003年4月発行）による。「埼玉県における委員歴等」は筆者が作成。

終章

終 1 「政治を生きる」秘かな喜び

首長の座を求める男性も女性も、その心の中の意図・情念・動機はなかなかうかがい知れない。さまざまな個別の事情も影響しているだろう。もちろん、表向きは、「地域発展のため」、「地域住民の幸せのため」、というのが理由である。この公式の理由のうちにどんな本心が潜んでいるかは、実際のところ、首長になってからどんな仕事をしたかを検証してみなければ測り知れない。

首長が、「地域の発展のため」とか「地域住民の幸せのため」にがんばる側面を「政治のために生きる」とすれば、首長の地位を上手に活用して富や名誉や権勢を追求する側面を「政治によって生きる」と呼ぶことができる。「政治によって生きる」側面が優越しすぎると、地位利用による資産形成とか驕りの行政運営に陥りやすい。

首長には、政治そのものを楽しみにするという意味での「政治を生きる」側面があるように思われる。この場合の政治は、世のため人のためでも、利己のためでもなく、「人を動かす」こと、「思惑通りに人が動く」こと自体に喜びを見出すということであり、あえていえば、自己目的化した政治である。もちろん、この政治が他の二つの政治と別個にあるのではなく、時に因となり果となり、時に主となり従となって相互に織り成されているというのが実態であろう。それでも、首長であることをさも楽しそうに、しかも誇らしげに語る首長に出会うと、どうやら、一国一城の主としての首長には

「政治を生きる」秘かな喜びがあるらしいのである。

それにしても、任期四年で、再選を期して次の選挙に立候補しても、当選するとは限らない。あえて物に例えれば、職員が定年までずっといるという意味では「備品」であるのに対し、公選職は「消耗品」であるといえる。民意を一身に背負い、部下である職員を使い、時に重大な意思決定をするから、自惚れや自画自賛に陥りやすいが、首長は、使い捨てられる「消耗品」なのである。有権者が、「この首長ではだめだ」ということになれば、落選の憂き目を見るかもしれない。首長の座は、この落選のリスクを覚悟してもなお追求するに値するものなのだろう。それゆえにこそ、性別にかかわりなく首長職を目指す人物への興味は尽きないのである。

終2　二〇一六年東京都知事選

折しも、二〇一六年の七月は、ポスト舛添を選ぶ東京都知事選の最中であった。舛添氏は、政治資金の公私混同、海外出張での高額旅費支出、週末の頻繁な別荘通いなどに関し、都議会総務委員会での集中審議において事前に質問通告の無い一問一答方式の追及を受けた。その結果、都民の信頼回復は不可能であり、知事職にふさわしくないと、都議会各会派が一致して知事不信任決議案の提出を決めたため、辞職することとなった。約二年四カ月で「権力の座」から追われ、議会各会派や都庁職員への挨拶もなく都庁を去った。政策の立案と遂行で躓いたのではなく、「身から出た錆」で自滅してしまった。

この辞任を目の当たりにして、ポスト舛添を選ぶ都知事選には、なんと二一人が正式に立候補した。昔から、堅気は「株と政治には手を出さない」という。この戒めを守ることこそ堅気の生活者の信条である。そうした普通の生活者から見れば、ずいぶんと酔狂な人たちがいるものだな、と映るだろう。それでも、「自分こそは」と名乗りを上げ、都知事になりたいという人が出てくるし、出てこないと困る。自治体の首長を住民が直接選挙で選ぶのは憲法九三条の要請であるからである。

選挙日程を見ると、七月一四日告示、七月一五～三〇日期日前投票、三一日（日）投開票である。公式に選挙戦が始まった翌日に期日前投票をする都民は、どういう判断で一票を投じたのであろうか。しかも、選挙運動期間がたった一七日である。都知事選での選挙人名簿登録者数は何と約一、一二七万人である。一七日という短い期間で、候補者たちの選挙公約は、この大海のような有権者に届くのだろうか。ずいぶん無理な選挙日程である。これではイメージ選挙になるのは避け難く、マスコミの報道振りが大きな影響を及ぼす。

マスコミ（新聞、テレビ）報道は、増田寛也、小池百合子、鳥越俊太郎の三氏を「主な三候補」と呼び、その動向や政策を大きく取り上げたが、残り一八人の候補者は割を食った形である。どうやら、マスコミは、独自の基準で「主な候補者」であるかどうかを判断しているようだが、他の候補者から見れば不公平な扱いである。

マスコミが「主な候補者」として扱った三氏は、いずれも無所属であった。無所属とは、特定の政党の公認候補者ではないということである。候補者が出揃ったのは公示直前であったから、準備不足のまま選挙戦に突入することとなった。選挙は得票数で決まる闘いだから、ある程度、票数が読めないと候補者は不安になる。そのため、推薦という形で政党から支援を要請するわけである。政党のほうも、面子と思惑から特定の人物を担ぎ出そうとする。

小池氏は、自民党員で、元防衛大臣・環境大臣であったが、自民党東京都連に挨拶もなく立候補宣言をした後に、自民党東京都連への推薦を要請したが取り下げ、推薦政党なしで打って出た。元岩手県知事・元総務大臣の増田氏は、自民、公明、日本のこころを大切にする党の推薦を確保した。ジャーナリストの鳥越氏は、民進、共産、社民、生活の党と山本太郎となかまたちの四党推薦の候補者であった。選挙の行方は、有権者のうち支持政党なし、いわゆる無党派層の票をいかに獲得できるかであった。

途中、新聞各紙は、都知事選の情勢調査とともに、都民に、「投票で最も重視することは何か」という世論調査も行っている。例えば、二〇一六年七月二五日付の『朝日新聞』によると、「最も重視」の五択項目は、「政策や公約」「リーダーシップ」「クリーンさ」「支援する政党や団体」「実務能力」である。この質問項目を考えた担当者は、有権者の選択基準がこれらのいずれかであろうと推測していたことになる。

また、「新知事に一番力を入れてほしい政策は何か」を聞いているが、その五択項目は、「教育・子育て」「医療・福祉」「景気・雇用」「海外出張など無駄な経費削減」「オリンピックの準備」であった。

新知事にとってどれも重要であろうが、有権者の優先順位を知りたいということである。

選挙戦は小池氏優勢のうちに推移し、増田氏、鳥越氏に、それぞれ一〇〇万票以上の差をつけ圧勝した。東京都では初めての女性知事の誕生である。これから、巨大都市東京の知事として、総数約一六万七千人の職員を補助機関とし使いつつ課題山積の都政を運営していかなければならない。選挙戦とは違ったマネジメントの能力が問われる。前述の世論調査では、「いまの都政に必要なこと」について尋ねた結果は、「安定させること」が「大胆に改革すること」を上回っていた。大胆な改革の後に安定させるということもありうるかもしれないが、オリンピック・パラリンピックの準備などで停滞している都政にそんな余裕はないだろう。新知事は、都政の透明化という改革を進めながら、都政運営に当たっては、一二七名（現員一二四名）もの議員を擁し七会派に分かれている都議会と連携していかなければならない。小池氏は、選挙戦では「知事を選ぶのは政党でも組織でもなく、都民の皆さんです」と訴え、無党派層の参加感を醸成しつつ、逆に増田氏を推薦した自民党の動きを揶揄《やゆ》していた。それだけに、都議会自民党や公明党との関係をどうつけ、都政を安定化せることができるかどうかが問われる。都知事の仕事は、任期四年を本気でやれば、月額給料一四五・六万円では、とても割に合わないほどの激務かもしれないし、躰をこわしかねない。ご苦労のことである。

終 3 「増田レポート」と「地方消滅」

都知事候補者となった増田氏は、都知事選の前には、現在、国が推進中の人口政策を内政の重要課題に押し上げた人物の一人である。発端は、増田寛也の名前で発表した論文「二〇四〇年、地方消滅──『極点社会』が到来する」（『中央公論』二〇一三年一二月号）であった。次いで、「日本創成会議・人口減少問題検討分科会」（分科会長・増田寛也）の「成長を続ける二一世紀のために『ストップ少子化・地方元気戦略』」（二〇一四年五月八日）が公表された。まとめて「増田レポート」と呼ばれ、人口減少の問題に対する中央政府の政策転換を促し、広く自治体関係者の関心を喚起した。

そこでは、「地方が消滅する時代がやってくる。人口減少の大波は、まず地方の小規模自治体を襲い、その後、地方全体に急速に広がり、最後は凄まじい勢いで都市部をも飲み込んでいく」と人口減少の末路を指摘した。地方から若者たちが大都市に流出していったが、その若者たちは子どもを産み育てる余裕がない。このままでは「本来、田舎で子育てすべき人たちを吸い寄せて地方を消滅させるだけでなく、集まった人たちに子どもを産ませず、結果的に国全体の人口をひたすら減少させていく」とされ、これを「人口のブラックホール現象」と名づけていた。

地方での高齢者人口が減少するため、医療・介護サービスが過剰気味となり、雇用吸収力が減少することで、人材が大量に後期高齢者の絶対数が急増する東京圏へ流出する可能性が高い。二〇四〇年までには、いくら出生率を引き上げても、若年女性減少によるマイナス効果がそれを上回るため、人口減少が止まらず、自治体の消滅可能性が高まると言わざるを得ないと診断した。

「増田レポート」は、大都市への人口移動が収束しない場合の人口推計によって、二〇一〇年と比べ二〇四〇年に若年女性（二〇～三九歳）が五〇％以上減少する八九六自治体を「消滅可能性都市」とし、そのうち二〇四〇年に人口が一万人を切る五二三の自治体は「消滅可能性が高い」とし、それらの自治体名がわかる一覧表を示した。「消滅可能性都市」と名指しにされた市区町村に衝撃が走った。「地方消滅」という思い切った表現によって、急激な人口減少（社会減と自然減の同時進行）によって市町村の存立基盤が危機に瀕することに広く警鐘を鳴らしたといえる。

地方消滅とか消滅可能性が高まるといわれると、人口減少で自治体が消滅すると思われやすい。しかし、問題は、こうした推計が描く未来の姿が人びとの気持ちを萎えさせてしまうことにある。市町村の最小人口規模など決まっていないにもかかわらず、若年女性の半減で自治体消滅の可能性が高まるといわれると、「ああ、やっぱり、だめか」と人びとが諦めてしまい、市町村を消滅させようとする動きが出てきてしまうことである。

論理的には、ある自治体の人口が限りなくゼロに近づいていけば、自治体は存立しえなくなるかもしれない。しかし、自治体は、その代表機関である議会の議員と首長とを住民が直接選挙することができ、課税権をもち、一定の行政水準を維持するために地方交付税交付金の配分を受けている法人である。法人である自治体が自然に消滅することはない。

自治体の消滅とは、法人格を有する地方公共団体がなくなることである。消滅というと自然に無くなるというイメージがなくはないが、ある地方公共団体を法人として消滅させるには人為的な手続きが必要なのである。平成の大合併で一九九九年四月から二〇一〇年三月末までに、市町村数は三、二三二から一、七四二へ減少し、特に人口一万人未満の町村は一、五三七から四六五へ激減している。市町村合併に伴って、おびただしい数の市町村が法人格を失い消滅している。

市町村が消滅するとは、当の市町村が自ら法人であることを放棄する場合である。それは、法人としての任務の遂行を法人の機関と住民が断念するときである。自然条件や社会・経済的条件が厳しい地域であればこそ、首長・議会・地域住民が、自主・自律の気概で、人口減少の危機を乗り越えようとする強い意思をもっている限り、市町村が消滅することはない。「地方消滅」論に対する首長の姿勢が問われている。

終4 人口減少に立ち向かう

日本の総人口は、二〇〇八年をピークに減少し始めた。周産期の死亡率の著しい低下を背景とし、未婚率の上昇、晩婚化の進行、出生児数減少傾向により、相当程度の人口減少は必至となった。

国立社会保障・人口問題研究所の二〇一二年一月の推計では、総人口は、二〇三〇年（中位推計）に一億一、六六二万人、二〇五〇年に九、七〇八万人、二〇六〇年に八、六七四万人、二一〇〇年に

四、九五九万人になるという。総人口が明治末期頃の規模に戻っていく。しかも、二一〇〇年の高齢化率は三九％程度であると推計される。これは、人口が急減していく中での超高齢社会の姿であり、医療・介護・社会福祉などの社会保障制度はどうなるのか、人口一億二、七〇〇万人を支えてきた経済・社会・政治・文化システムが今後も持続可能であるかどうか、疑問と不安が募り始めた。人口が急減していくことが危機だと捉えられ、人口減少に歯止めをかける政策が強調されることになった。それが「まち・ひと・しごと創生法」の制定につながった。

「まち・ひと・しごと創生法」の成立

二〇一二年の総選挙で自民党が圧勝し、公明党との連立で第二次安倍政権が発足した。二〇一三年の参院選でも自民党が勝利し、いわゆる「ねじれ国会」が解消された。安倍総理は、二〇一四年（平成二六年）九月三日に内閣を改造し、この第二次安倍改造内閣では、「元気で豊かな地方の創生」を掲げ、成長戦略の柱に据える女性の活躍推進も打ち出した。

自民党幹事長であった石破茂氏が、改造内閣の地方創生・内閣府特命担当大臣に就任した。その下で「まち・ひと・しごと創生本部」が設置され、人口減少抑制と地域活性化を目指す「まち・ひと・しごと創生法案」と地域支援策の申請窓口を一本化する「地域再生法」の改正案が国会に提出され、二〇一四年一一月二一日の午前、参院本会議で可決、成立した。同日の午後、衆議院が解散された。一二月一四日に投開票された総選挙の結果、自公が合わせて三二六議席の圧倒的多数を獲得し、一二月二四日、防衛大臣以外の閣僚全員が再任され第三次安倍内閣が成立した。地方創生は、引き続き、石破大臣の下で推進されることとなった。なお、内閣府に設置された「まち・ひと・しごと創生本部」事務局の地方創生担当総括官（事務次官級）には、前職が消費者庁次長の山崎史郎氏が就任した。山崎氏は、民主党の管直人総理の筆頭秘書官（事務方）を務めた厚生官僚で、介護保険や生活困窮者自立支援の制度設計を中心的に行った人物である。その山崎氏が推進事務局のトップに就いたということは、人口政策（地方創生）と持続可能な社会保障制度が深く結びついていることを示唆している。「増田レポート」や国の「人口ビジョン」が依拠し使用した資料・データは、基本的には山崎氏ら厚生官僚が事前に準備していたものであった。

決め手を欠く人口政策

「まち・ひと・しごと創生法」（以下、創生法という）は、「人口の減少に歯止めをかけるとともに、東京圏への人口の過度の集中を是正し、それぞれの地域で住みよい環境を確保して、将来にわたって活力ある日本社会を維持していくためには、国民一人一人が夢や希望を持ち、潤いのある豊かな生活を安心して営むことができる地域社会の形成、地域社会を担う個性豊かで多様な人材の確保及び地域における魅力ある多様な就業の機会の創出を一体的に推進すること（以下「まち・ひと・しごと創生」という。）が重要となっている」としている。

二〇一四年一二月二七日に、「創生法」に基づいて、まち・ひと・しごと創生の「長期ビジョン」

と「総合戦略」が閣議決定された。長期ビジョンは中長期展望（二〇六〇年を視野）を示すものであり、大きく二つの政策目標を設定している。一つは「人口減少問題の克服」であり、二〇六〇年に一億人程度の人口を確保することを目指し、そのために、人口減少の歯止めとして国民の希望が実現した場合の出生率（国民希望出生率）を一・八に設定し、「東京一極集中」是正を図るとしている。もう一つは「成長力の確保」で、二〇五〇年代に実質GNP成長率一・五〜二％程度（人口安定化、生産性向上が実現した場合）を維持することを目指すとしている。

人口減少への対応には、出生率の向上により人口減少に歯止めをかけ将来的に人口構造自体を変えていこうという「積極戦略」と、仮に出生率の向上を図っても今後数十年間の人口減少は避けられないことから、今後の人口減少に対応し、効率的かつ効果的な社会システムを再構築していく「調整戦略」が考えられる。この二つを同時並行的に進めていくための基本的な視点が、①「東京一極集中」の是正、②若い世代の就労・結婚・子育ての希望の実現、③地域の特性に即した地域課題の解決であるとされている。

国の「長期ビジョン」では、「二〇六〇年に人口一億人」を実現するシナリオとしては、現在一・四三の出生率が二〇二〇年に一・六、三〇年に一・八、四〇年に人口置換水準の二・〇七が達成されるという想定となっている。しかし、出生率を向上させる方策には「『これさえすれば』というような『決定打』もなければ、これまで誰も気づかなかったような『奇策』もない」とし、人口減少に歯止めをかけるには長期的・継続的な取り組みが必要であるとしている。

日本国憲法二四条一項は、「婚姻は、両性の合意のみに基いて成立し、夫婦が同等の権利を有することを基本として、相互の協力により、維持されなければならない。」と規定している。結婚するかどうかは当事者の自由な選択に委ねられている。この自由を前提にして、結婚・出産を促すことになるのである。

国立社会保障・人口問題研究所の「出生動向基本調査」によれば、一九八七年以降で見ると、未婚者の結婚意思は、男女とも「いずれ結婚するつもり」と答えた者の割合は九割程度で推移し、また、一九八二年以降で見ると、未婚者の希望子ども数は二・一人前後で推移しているし、夫婦の理想子ども数は二・五人前後で、夫婦の予定子ども数は二・一人前後で推移している。問題は、こうした意向が現実にかなえられていないことである。若い世代が安心して結婚・妊娠・出産・育児ができる経済的社会的な環境をいかに整えるかが大きな政策課題となっている。

人口減少・結婚の成否・国籍法

わが国では、結婚と出産が強く結びついている。できるだけ早めの結婚の成否が人口の減少に歯止めをかけ得るかどうかを左右する。結婚すれば、平均して子どもを二人は産んでいる。決め手は結婚の成否である。

わが国の人口減少問題の核心が結婚の成否であるのは、わが国の国籍法と関係している。住民基本台帳法に基づく総人口は日本人住民と外国人住民の合計である。人口減少で大きな比重を持つのは日本人人口である。出生による国籍の取得については、親の血統と同じ国籍を子に与える血統主義と、出生地の国籍を子に与える出生地主義とがある。日本の国籍法は、子が、出生の時に父又は母が日本国民であるとき、「日本国民とする」と規定している。日本国籍取得に関して原則として血統主義を採用している。

国籍取得における血統主義を維持している限り、日本社会は、基本的に、日本人である親から生まれた子どもが次世代を成していく社会であるということができる。出生による国籍取得に関する「血統主義」を、米国やカナダのように、その領土内で出生した子どもは、その両親が外国人であっても国籍取得を認める「出生地主義」へ変更できるだろうか。今のところ、政府も国民も、そのようなことは考えていない。人口減少への対策は現行の国籍法を前提としている。

ちなみに、もし人口一億人を保持したいのであれば、外国から一定規模の移民を受け容れればいいではないかという意見もある。人口減少で起こりつつあり人手不足を外国人労働力で補うということになる。現在、国がとっている人口政策は移民受け入れを前提としていない。もし移民政策に踏み切れば、日本社会は、多民族社会へ向かう大きな岐路に立つことになる。

地方への新しいひとの流れをつくる――「田園回帰」

明治以降の日本では、戦争中に学童疎開が行われ、戦後の引揚者の大半が田舎に住み着いた以外には、「向都離村」の動きが止まらなかった。人びとは「村」を離れ「都」に向かった。この人口移動の中心は若者で、就学と就職の場を求めて、農山漁村から中核都市へ、地方中枢都市へ、さらに東京圏などの大都市圏へ転出していった。これは、大量生産・大量消費を推し進める巨大な工業化・都市化のうねりであり、東京一極集中はその極端な現れであった。

日本国憲法二二条一項は「何人も、公共の福祉に反しない限り、居住、移転及び職業選択の自由を有する」と規定している。ある市町村で生まれ育った人が、その故郷で暮らそうが、他の地域に出て行って暮らそうが自由である。住民基本台帳法によって転出・転入届は義務づけられているが、どこへ移転し、どこに居を定め、どんな職業に就こうが、個人の自由である。この自由が前提となっている以上、地方から東京圏への流出を食い止め、東京圏から地方への移住を増やすことができるかどうかは、ひとえに、それを可能にする社会的、経済的な施策の実効性にかかっているということになる。これは相当に難事である。

東京圏とは、東京都、神奈川県、埼玉県、千葉県を合わせた区域を想定している。人口約三、五〇〇万人を擁する巨大都市圏である。国の「総合戦略」は、地方への新しいひとの流れをつくるために、東京圏年間一〇万人入超の現状を二〇二〇年に地方・東京圏の転出入均衡を達成するとしている。そのために地方から東京圏への転入を約六万人減らし、東京圏から地方への転出を約四万人増やす方策が考えられている。

一都三県の首長たちが、東京圏から地方圏への移住を後押しする政策に乗り出せるかどうかが問われている。地方圏からの人口流入に頼らず、東京圏で暮らす人びとの結婚・出産・子育てに関する理想・希望と現実とのギャップを解消し、安心して、子どもを産み育てられる社会を実現できるかどうかである。全国で最も低い特殊合計出生率が表しているように、東京問題の核心は、地方から流入してくる若者たちが安心して結婚し子どもを産めないでいることである。この問題の解決に向かって、東京圏の自治体は、国や民間企業等と協働して、有効な政策を立案・実行していく必要がある。

人口減少へ対応するための「調整戦略」として考えられている「地域の特性に即した地域課題の解決」は、全国すべての自治体の課題である。国は、「地方創生」という言い方をしているが、「地方創生」の「地方」は、どちらかと言えば東京圏との対比を想定している。「創生法」では「地方」とは言っていない。この法律で「まち」とは、全国の津々浦々の「地域」を指している。「地方創生」ではなく「地域創生」である。そう考えれば、東京圏のすべての市区町村もまた他の市町村と共に、「まち・ひと・しごと創生」に取り組むことになる。

地域とは、単なる「区域」ではなく、人びとが暮らす「場所」である。場所としての地域は、人と自然、人と物産、人と人との独自の関係によって成り立っている。市区町村長は、この関係を見抜き、地域の政策課題を解決していく責務を負っている。首長を先頭に、地域の人びとが地域資源を発掘・再生・利用・創造していかなければならない。

地方圏には、地域の資源やワザを組み合わせて、新しい産業を興すというような仕事であれば、若者が挑戦すべきフロンティアとしての可能性が十分にある。さらに、こうして自らが主体的に開拓する仕事と、農山村の豊かな自然を活かした暮らし方を組み合わせて、自分の生活を設計することまで考えれば、農山漁村は、大都市に勝るとも劣らない若者たちの新たな活躍の場になりうる。

これを裏づけるように、「田園回帰」の動きが見られる。政府が二〇一四年に実施した世論調査によると、都市住民の三一・六%が農村などへの定住願望が「ある」や「どちらかというとある」と回答し、二〇〇五年の調査に比べ一一ポイント上昇。特に二〇～二九歳の男性では四七・三%に達している。二〇一五年五月二六日、「平成二六年度食料・農業・農村白書」が閣議決定されたが、政府の公式見解である白書に初めて「田園回帰」が載った。Uターン・Jターンの動きは、今までの「向都離村」から新たな「向村離都」への反転であり、少なからざる都市住民が、都市で暮らす快適さ・便利さよりも大自然と折り合い、人のつながりの中で生きる豊かさを選び取ろうと決心し始めたことを表している。

依然として大都市の吸引力は強いが、少なからざる人びとが積極的に「村」へ向い始めた。「村」は、「志を果たして　いつの日にか帰らん」とする望郷の地ではなく、自分のやりたいことに挑みうる希望の地として価値づけられ始めた。森里海の水の循環系を基本とする生き方が魅力的であるからである。

大都市と農村漁村との交流と対流

しばしば大都市と農村漁村とは利害対立の関係で語られることがあるが、今求められているのは、東京圏の自治体と地方圏の自治体間に多様で創意ある「共生と対流」の関係を構築していくことである。それは、大都市地域と農山漁村地域の住民がそれぞれの魅力を享受できるよう、ひと・もの・情報が双方向で行き交うライフスタイルを実現することである。「共生」とは、大都市と農山漁村が異なった価値をもち、お互いに足らざる点を補い合う関係にあることを、「対流」とは、農山漁村から大都市への一方的な人口流出ではなく、大都市から農山漁村への人口還流も重視し促進することを意味している。

東日本大震災のとき、多くの自治体が、被災自治体の応援のために自発的に動いた。遠隔地であるがゆえに「スクラム支援」も展開した。その体験は、自治体間連携が、一部事務組合とか広域連合といった既存の連携とも姉妹都市のような親睦的な連携とも違って、遠隔自治体間でも有効であることを実感させたといえよう。そこから、大災害発生のような非常時に応援・受援の関係が円滑に機動するためにも、平時における遠隔自治体間の連携活動が大切ではないかという認識が生まれた。

東京二三区で構成する特別区長会（会長・西川太一郎荒川区長）は、全国各地域と産業、観光、文化、スポーツなどさまざまな分野での新たな連携を模索し、経済の活性化、まちの元気につなげる仕組みとして、二〇一四年九月に「特別区全国連携プロジェクト」をスタートさせ、各地域と事業連携を通じて共存共栄を目指す姿勢を打ち出した。その一環として、観光や産業など幅広い分野で協力していくため、北海道町村会、京都府市長会及び町村会とそれぞれ連携協定を締結した。区長会が地域振興の観点から他の自治体組織と協定を結ぶのは初めてで、新たな試みとして注目される。

◆地域再生法の活用◆

各自治体は、地方版人口ビジョンと地域の実情に応じた目標と施策を盛り込んだ地方版総合戦略を策定する作業を行った。二〇一六年四月一九日、政府は、四七都道府県と一、七三七市区町村の計一、七八四団体が「地方版総合戦略」を策定したと発表した。未策定は止むを得ない事情のある四自治体のみで、二〇一六年三月末までの策定を求めていた政府の要請に全国の自治体が応じた。

人口ビジョン（二〇六〇年までを基本とする中長期展望）として、人口の現状分析（人口動向や将来人口推計の分析）と人口の将来展望（目指すべき将来の方向性や施策の方向性を踏まえた人口の将来展望）を設定し、この実現を目指す、二〇一九年度までの地方版総合戦略として、基本目標（実現すべき成果（アウトカム））に係る数値目標を書き込んでいる。そして、基本目標を達成するための具体的な施策については施策ごとに重要業績指標（ＫＰＩ）を設定している。いよいよ本格的な実施と検証に入っている。

創生法は、通常の事業法とは異なって枠組み法であり、具体的な事業は書き込まれていない。国が、創生法の目的達成のために使っている法律は、事業法的な性質をもつ地域再生法である。地域再生法は、自治体が雇用創出やまちづくりなどに関する取組みを「地域再生計画」にまとめて国に申請すると財政支援や税制優遇などが受けられる仕組みである。創生法成立と同時に地域再生法が改正され、地方の創意工夫を生かすため、内閣総理大臣が、「政令で定めるところにより、定期的に、地域再生の推進のために政府が講ずべき新たな措置に関する提案を募集するものとする」（四条の二）としていた。

その上で、二〇一六年四月一四日に、新型交付金、企業版ふるさと納税、「生涯活躍のまち」構想を組み込んだ改正地域再生法が成立した。自治体は、新型交付金について、事業の数値目標などを盛り込んだ計画を別途作成することになる。

今後、自治体は、再生法の運用に注意を払いつつ、それぞれの計画実現に努力することになる。

人口減少に立ち向かう姿勢と実行力が、全国の自治体の新たな課題となった。人口急減に歯止めをかけるには、長い年月をかけた、粘り強い、着実な努力の積み重ねが必要である。どうせうまくいくはずはないといった冷淡な見方もある中で、全国の自治体は、人口急減に立ち向かう方途を自ら選び取り、地域の暮らしと自治を守り通していくことができるかどうか、その意志と覚悟を問われている。首長は、その先頭に立ち、人口減少に立ち向かうことになる。そのためには、自治体内外の多様な主体（「産官学金労言」）が参集して、新たな事業を展開することが必要である。決め手は、地域の状況認識と目標の共有、対等な活動主体をマネジメントできる「人財」の存在である。「協働」で事を企画し動かすには、相手への尊敬と評価が何より重要である。協働の成否によって地域のつながり力が試される。首長自身が、この「協働」推進のキーパーソンになることを強く期待されている。

すでに人口減少は避けがたく、さまざまな分野で人手不足が深刻化しつつある。人手不足への対策は、①現に働いている人の生産性をたかめること、②省力化のための機器を開発し導入すること、③外国人人材を登用することである。②によって、ある程度人材不足を補いえるし、③も、それなりに有効だろうが、なんといっても①による現有人員の「人財」化が重要である。「人財」とは並み以上に有能で有用な仕事・活動をする人物のことである。自治体の首長は、まず、現有の自治体職員が、無駄を省き、キビキビ・テキパキと仕事をこなし、政策形成力を発揮できるような「人財」であることを示す必要がある。人口減少時代には、この首長の人事能力が一段と試されるのである。

初出一覧

第一章　直接公選で選ばれる首長
「自治体の首長①、②」『自治実務セミナー』（二〇一三年六、七月）、第一法規
第二章　首長と党派
「同⑧」同（二〇一四年一月）
第三章　機関としての首長と首長の人格
「同③」同（二〇一三年八月）、
第四章　首長の「給与」
「同⑪」同（二〇一四年四月）
第五章　首長のリーダーシップ
「同④、⑤」同（二〇一三年九月、一〇月）
第六章　首長と演技
「同⑥」同（二〇一三年一一月）
第七章　首長の挨拶
「同⑦」同（二〇一三年一二月）
第八章　対外交渉と首長

「同⑨」同（二〇一四年二月）
第九章　首長の議会対応
「同⑩」同（二〇一四年三月）
第一〇章　首長と多選自粛条例
「同⑫」同（二〇一四年五月）
第一一章　首長の特別職人事
「同⑬、⑭、⑮、⑯」同（二〇一四年六、七、八、九月）
第一二章　首長と職員人事
「同⑰、⑱、⑲」同（二〇一四年一〇、一一、一二月）
第一三章　女性の首長
「同⑳、㉑」同（二〇一五年一、二月）
第一四章　知事と外部助言者
「知事と外部助言者」日本行政学会編『年報行政研究四一』（二〇〇六年五月）、ぎょうせい
終章
書き下ろし

事 項 索 引

あ 行

か 行

さ 行

た 行

な 行

は 行

ま 行

や 行

ら 行

著者紹介

大森《おおもり》　彌《わたる》

〈略歴〉

1940年　東京生まれ

1968年　東京大学大学院修了、法学博士

1984年　東京大学教養学部教授

1996年　東京大学大学院総合文化研究科教授

1997年　同研究科長・教養学部長

2000年　東京大学定年退官、千葉大学法経学部教授、
　　　　東京大学名誉教授

2005年　千葉大学定年退職

〈主な著書〉

『自治体行政学入門』『自治行政と住民の「元気」』『自治体職員論』（良書普及会、1987年、1990年、1994年）

『新版　分権改革と地方議会』（ぎょうせい、2002年）

『官のシステム』（東京大学出版会、2006年）

『変化に挑戦する自治体』（第一法規、2008年）

『政権交代と自治の潮流』（第一法規、2011年）

『特別区制度改革の軌跡』（学陽書房、2013年）

『自治体職員再論』（ぎょうせい、2015年）

『町村自治を護って』（ぎょうせい、2016年）

サービス・インフォメーション

通話無料

①商品に関するご照会・お申込みのご依頼
TEL 0120(203)694／FAX 0120(302)640

②ご住所・ご名義等各種変更のご連絡
TEL 0120(203)696／FAX 0120(202)974

③請求・お支払いに関するご照会・ご要望
TEL 0120(203)695／FAX 0120(202)973

●フリーダイヤル（TEL）の受付時間は、土・日・祝日を除く9:00〜17:30です。
●FAXは24時間受け付けておりますので、あわせてご利用ください。

自治体の長とそれを支える人びと
—希望の自治体行政学—

平成28年11月20日　初版第1刷発行
令和元年11月10日　初版第3刷発行

著　者　大　森　　彌
発行者　田　中　英　弥
発行所　第一法規株式会社
〒107-8560　東京都港区南青山2-11-17
ホームページ　https://www.daiichihoki.co.jp/

自治体の長　ISBN 978-4-474-05657-2　C0031 (2)